# CAESAR'S COMMENTARIES IN LATIN

*BOOKS I-IV*

# CAESAR'S COMMENTARIES IN LATIN

## *BOOKS I-IV*

*By Julius Caesar*

*Edited by Tom Thomas*

*Copyright © 2010*

*All rights reserved*

*Black Oyster Publishing Company, Inc.*

*ISBN #* **1453887954**

*EAN 13:* **9781453887950**

*Contents*

***C. IULI CAESARIS DE BELLO GALLICO COMMENTARIUS PRIMUS***

***C. IULI CAESARIS DE BELLO GALLICO COMMENTARIUS SECUNDUS***

***C. IULI CAESARIS DE BELLO GALLICO COMMENTARIUS TERTIUS***

***C. IULI CAESARIS DE BELLO GALLICO COMMENTARIUS QUARTUS***

## *C. IULI CAESARIS DE BELLO GALLICO COMMENTARIUS PRIMUS*

GALLIA est omnis divisa in partes tres, quarum unam incolunt Belgae, aliam Aquitani, tertiam qui ipsorum lingua Celtae, nostra Galli appellantur. Hi omnes lingua, institutis, legibus inter se differunt. Gallos ab Aquitanis Garumna flumen, a Belgis Matrona et Sequana dividit.
Horum omnium fortissimi sunt Belgae, propterea quod a cultu atque humanitate provinciae longissime absunt, minimeque ad eos mercatores saepe commeant atque ea quae ad effeminandos animos pertinent important, proximique sunt Germanis, qui trans Rhenum incolunt, quibuscum continenter bellum gerunt. Qua de causa Helvetii quoque reliquos Gallos virtute praecedunt, quod fere cotidianis proeliis cum Germanis contendunt, cum aut suis finibus eos prohibent aut ipsi in eorum finibus bellum gerunt.
[Eorum una, pars, quam Gallos obtinere dictum est, initium capit a flumine Rhodano, continetur Garumna flumine, Oceano, finibus Belgarum, attingit etiam ab Sequanis et Helvetiis flumen Rhenum, vergit ad septentriones.

Belgae ab extremis Galliae finibus oriuntur, pertinent ad inferiorem partem fluminis Rheni, spectant in septentrionem et orientem solem.
Aquitania a Garumna flumine ad Pyrenaeos montes et eam partem Oceani quae est ad Hispaniam pertinet; spectat inter occasum solis et septentriones.]
Apud Helvetios longe nobilissimus fuit et ditissimus Orgetorix. Is M. Messala, [et P.] M. Pisone consulibus regni cupiditate inductus coniurationem nobilitatis fecit et civitati persuasit ut de finibus suis cum omnibus copiis exirent: perfacile esse, cum virtute omnibus praestarent, totius Galliae imperio potiri. Id hoc facilius iis persuasit, quod undique loci natura Helvetii continentur: una ex parte flumine Rheno latissimo atque altissimo, qui agrum Helvetium a Germanis dividit; altera ex parte monte Iura altissimo, qui est inter Sequanos et Helvetios; tertia lacu Lemanno et flumine Rhodano, qui provinciam nostram ab Helvetiis dividit. His rebus fiebat ut et minus late vagarentur et minus facile finitimis bellum inferre possent; qua ex parte homines bellandi cupidi magno dolore adficiebantur. Pro multitudine autem hominum et pro gloria belli atque fortitudinis angustos se fines habere arbitrabantur, qui in longitudinem milia passuum CCXL, in latitudinem CLXXX patebant.
His rebus adducti et auctoritate Orgetorigis permoti constituerunt ea quae ad proficiscendum pertinerent comparare, iumentorum et carrorum quam maximum numerum coemere, sementes quam maximas facere, ut in itinere copia frumenti suppeteret, cum proximis civitatibus pacem et amicitiam confirmare. Ad eas res conficiendas biennium sibi satis esse duxerunt; in tertium annum profectionem lege confirmant. Ad eas

res conficiendas Orgetorix deligitur. Is sibi legationem ad civitates suscipit. In eo itinere persuadet Castico, Catamantaloedis filio, Sequano, cuius pater regnum in Sequanis multos annos obtinuerat et a senatu populi Romani amicus appellatus erat, ut regnum in civitate sua occuparet, quod pater ante habuerit; itemque Dumnorigi Haeduo, fratri Diviciaci, qui eo tempore principatum in civitate obtinebat ac maxime plebi acceptus erat, ut idem conaretur persuadet eique filiam suam in matrimonium dat. Perfacile factu esse illis probat conata perficere, propterea quod ipse suae civitatis imperium obtenturus esset: non esse dubium quin totius Galliae plurimum Helvetii possent; se suis copiis suoque exercitu illis regna conciliaturum confirmat. Hac oratione adducti inter se fidem et ius iurandum dant et regno occupato per tres potentissimos ac firmissimos populos totius Galliae sese potiri posse sperant.

Ea res est Helvetiis per indicium enuntiata. Moribus suis Orgetoricem ex vinculis causam dicere coegerunt; damnatum poenam sequi oportebat, ut igni cremaretur. Die constituta causae dictionis Orgetorix ad iudicium omnem suam familiam, ad hominum milia decem, undique coegit, et omnes clientes obaeratosque suos, quorum magnum numerum habebat, eodem conduxit; per eos ne causam diceret se eripuit. Cum civitas ob eam rem incitata armis ius suum exequi conaretur multitudinemque hominum ex agris magistratus cogerent, Orgetorix mortuus est; neque abest suspicio, ut Helvetii arbitrantur, quin ipse sibi mortem consciverit.

Post eius mortem nihilo minus Helvetii id quod constituerant facere conantur, ut e finibus suis exeant.

Ubi iam se ad eam rem paratos esse arbitrati sunt, oppida sua omnia, numero ad duodecim, vicos ad quadringentos, reliqua privata aedificia incendunt; frumentum omne, praeter quod secum portaturi erant, comburunt, ut domum reditionis spe sublata paratiores ad omnia pericula subeunda essent; trium mensum molita cibaria sibi quemque domo efferre iubent. Persuadent Rauracis et Tulingis et Latobrigis finitimis, uti eodem usi consilio oppidis suis vicisque exustis una cum iis proficiscantur, Boiosque, qui trans Rhenum incoluerant et in agrum Noricum transierant Noreiamque oppugnabant, receptos ad se socios sibi adsciscunt.

Erant omnino itinera duo, quibus itineribus domo exire possent: unum per Sequanos, angustum et difficile, inter montem Iuram et flumen Rhodanum, vix qua singuli carri ducerentur, mons autem altissimus impendebat, ut facile perpauci prohibere possent; alterum per provinciam nostram, multo facilius atque expeditius, propterea quod inter fines Helvetiorum et Allobrogum, qui nuper pacati erant, Rhodanus fluit isque non nullis locis vado transitur. Extremum oppidum Allobrogum est proximumque Helvetiorum finibus Genava. Ex eo oppido pons ad Helvetios pertinet. Allobrogibus sese vel persuasuros, quod nondum bono animo in populum Romanum viderentur, existimabant vel vi coacturos ut per suos fines eos ire paterentur. Omnibus rebus ad profectionem comparatis diem dicunt, qua die ad ripam Rhodani omnes conveniant. Is dies erat a. d. V. Kal. Apr. L. Pisone, A. Gabinio consulibus.

Caesari cum id nuntiatum esset, eos per provincia nostram iter facere conari, maturat ab urbe proficisci et quam maximis potest itineribus in Galliam ulteriorem contendit et ad Genavam pervenit. Provinciae toti quam maximum potest militum numerum imperat (erat omnino in Gallia ulteriore legio una), pontem, qui erat ad Genavam, iubet rescindi. Ubi de eius aventu Helvetii certiores facti sunt, legatos ad eum mittunt nobilissimos civitatis, cuius legationis Nammeius et Verucloetius principem locum obtinebant, qui dicerent sibi esse in animo sine ullo maleficio iter per provinciam facere, propterea quod aliud iter haberent nullum: rogare ut eius voluntate id sibi facere liceat. Caesar, quod memoria tenebat L. Cassium consulem occisum exercitumque eius ab Helvetiis pulsum et sub iugum missum, concedendum non putabat; neque homines inimico animo, data facultate per provinciam itineris faciundi, temperaturos ab iniuria et maleficio existimabat. Tamen, ut spatium intercedere posset dum milites quos imperaverat convenirent, legatis respondit diem se ad deliberandum sumpturum: si quid vellent, ad Id. April. reverterentur.

Interea ea legione quam secum habebat militibusque, qui ex provincia convenerant, a lacu Lemanno, qui in flumen Rhodanum influit, ad montem Iuram, qui fines Sequanorum ab Helvetiis dividit, milia passuum XVIIII murum in altitudinem pedum sedecim fossamque perducit. Eo opere perfecto praesidia disponit, castella communit, quo facilius, si se invito transire conentur, prohibere possit. Ubi ea dies quam constituerat cum legatis venit et legati ad eum reverterunt, negat se more et exemplo populi Romani posse iter ulli per provinciam dare et, si vim lacere conentur, prohibiturum ostendit. Helvetii ea spe deiecti navibus iunctis ratibusque compluribus factis, alii vadis Rhodani, qua minima altitudo fluminis erat, non numquam interdiu, saepius noctu si perrumpere possent conati, operis munitione et militum concursu et telis repulsi, hoc conatu destiterunt. Relinquebatur una per Sequanos via, qua Sequanis invitis propter angustias ire non poterant. His cum sua sponte persuadere non possent, legatos ad Dumnorigem Haeduum mittunt, ut eo deprecatore a Sequanis impetrarent. Dumnorix gratia et largitione apud Sequanos plurimum poterat et Helvetiis erat amicus, quod ex ea civitate Orgetorigis filiam in matrimonium duxerat, et cupiditate regni adductus novis rebus studebat et quam plurimas civitates suo beneficio habere obstrictas volebat. Itaque rem suscipit et a Sequanis impetrat ut per fines suos Helvetios ire patiantur, obsidesque uti inter sese dent perficit: Sequani, ne itinere Helvetios prohibeant, Helvetii, ut sine maleficio et iniuria transeant. Caesari renuntiatur Helvetiis esse in animo per agrum Sequanorum et Haeduorum iter in Santonum fines facere, qui non longe a Tolosatium finibus absunt, quae civitas est in provincia. Id si fieret, intellegebat magno cum periculo provinciae futurum ut homines bellicosos, populi Romani inimicos, locis patentibus maximeque frumentariis finitimos haberet. Ob eas causas ei munitioni quam fecerat T. Labienum legatum praefecit; ipse in Italiam magnis itineribus contendit duasque ibi legiones conscribit et tres, quae circum Aquileiam hiemabant, ex hibernis educit et, qua proximum iter in ulteriorem Galliam per Alpes erat, cum his quinque legionibus ire contendit. Ibi Ceutrones et Graioceli et Caturiges locis superioribus occupatis itinere exercitum prohibere conantur. Compluribus his proeliis pulsis ab Ocelo, quod est [oppidum] citerioris provinciae extremum, in fines Vocontiorum ulterioris provinciae die septimo pervenit; inde in Allobrogum fines, ab Allobrogibus in Segusiavos exercitum ducit. Hi sunt extra provinciam trans Rhodanum primi.

Helvetii iam per angustias et fines Sequanorum suas copias traduxerant et in Haeduorum fines pervenerant eorumque agros populabantur. Haedui, cum se suaque ab iis defendere non possent, legatos ad Caesarem mittunt rogatum auxilium: ita se omni tempore de populo Romano meritos esse ut paene in conspectu exercitus nostri agri vastari, liberi [eorum] in servitutem abduci, oppida expugnari non debuerint. Eodem tempore [quo] Haedui Ambarri, necessarii et consanguinei Haeduorum, Caesarem certiorem faciunt sese depopulatis agris non facile ab oppidis vim hostium prohibere. Item Allobroges, qui trans Rhodanum vicos possessionesque habebant, fuga se ad Caesarem recipiunt et demonstrant sibi praeter agri solum nihil esse reliqui. Quibus rebus adductus Caesar non expectandum sibi statuit dum, omnibus, fortunis sociorum consumptis, in Santonos Helvetii pervenirent.

Flumen est Arar, quod per fines Haeduorum et Sequanorum in Rhodanum influit, incredibili lenitate, ita ut oculis in utram partem fluat iudicari non possit. Id Helvetii ratibus ac lintribus iunctis transibant. Ubi per exploratores Caesar certior factus est tres iam partes copiarum Helvetios id flumen traduxisse, quartam vero partem citra flumen Ararim reliquam esse, de tertia vigilia cum legionibus tribus e castris profectus ad eam partem pervenit quae nondum flumen transierat. Eos impeditos et inopinantes adgressus magnam partem eorum concidit; reliqui sese fugae mandarunt atque in proximas silvas abdiderunt. Is pagus appellabatur Tigurinus; nam omnis civitas Helvetia in quattuor pagos divisa est. Hic pagus unus, cum domo exisset, patrum nostrorum memoria L. Cassium consulem interfecerat et eius exercitum sub iugum miserat. Ita sive casu sive consilio deorum immortalium quae pars civitatis Helvetiae insignem calamitatem populo Romano intulerat, ea princeps poenam persolvit. Qua in re Caesar non solum publicas, sed etiam privatas iniurias ultus est, quod eius soceri L. Pisonis avum, L. Pisonem legatum, Tigurini eodem proelio quo Cassium interfecerant.

Hoc proelio facto, reliquas copias Helvetiorum ut consequi posset, pontem in Arari faciendum curat atque ita exercitum traducit. Helvetii repentino eius adventu commoti cum id quod ipsi diebus XX aegerrime confecerant, ut flumen transirent, illum uno die fecisse intellegerent, legatos ad eum mittunt; cuius legationis Divico princeps fuit, qui bello Cassiano dux Helvetiorum fuerat. Is ita cum Caesare egit: si pacem populus Romanus cum Helvetiis faceret, in eam partem ituros atque ibi futuros Helvetios ubi eos Caesar constituisset atque esse voluisset; sin bello persequi perseveraret, reminisceretur et veteris incommodi populi Romani et pristinae virtutis Helvetiorum. Quod improviso unum pagum adortus esset, cum ii qui flumen transissent suis auxilium ferre non possent, ne ob eam rem aut suae magnopere virtuti tribueret aut ipsos despiceret. Se ita a patribus maioribusque suis didicisse, ut magis virtute contenderent quam dolo aut insidiis niterentur. Quare ne committeret ut is locus ubi constitissent ex calamitate populi Romani et internecione exercitus nomen caperet aut memoriam proderet.

His Caesar ita respondit: eo sibi minus dubitationis dari, quod eas res quas legati Helvetii commemorassent memoria teneret, atque eo gravius ferre quo minus merito populi Romani accidissent; qui si alicuius iniuriae sibi conscius fuisset, non fuisse difficile cavere; sed eo deceptum, quod neque commissum a se intellegeret quare timeret neque sine causa timendum putaret. Quod si veteris contumeliae oblivisci vellet, num etiam recentium iniuriarum, quod eo invito iter per provinciam per vim temptassent, quod Haeduos, quod Ambarros, quod Allobrogas vexassent, memoriam deponere posse? Quod sua victoria tam insolenter gloriarentur quodque tam diu se impune iniurias tulisse admirarentur, eodem pertinere.

Consuesse enim deos immortales, quo gravius homines ex commutatione rerum doleant, quos pro scelere eorum ulcisci velint, his secundiores interdum res et diuturniorem impunitatem concedere. Cum ea ita sint, tamen, si obsides ab iis sibi dentur, uti ea quae polliceantur facturos intellegat, et si Haeduis de iniuriis quas ipsis sociisque eorum intulerint, item si Allobrogibus satis faciunt, sese cum iis pacem esse facturum. Divico respondit: ita Helvetios a maioribus suis institutos esse uti obsides accipere, non dare, consuerint; eius rem populum Romanum esse testem. Hoc responso dato discessit.

Postero die castra ex eo loco movent. Idem facit Caesar equitatumque omnem, ad numerum quattuor milium, quem ex omni provincia et Haeduis atque eorum sociis coactum habebat, praemittit, qui videant quas in partes hostes iter faciant. Qui cupidius novissimum agmen insecuti alieno loco cum equitatu

Helvetiorum proelium committunt; et pauci de nostris cadunt.

Quo proelio sublati Helvetii, quod quingentis equitibus tantam multitudinem equitum propulerant, audacius subsistere non numquam et novissimo agmine proelio nostros lacessere coeperunt. Caesar suos a proelio continebat, ac satis habebat in praesentia hostem rapinis, pabulationibus populationibusque prohibere. Ita dies circiter XV iter fecerunt uti inter novissimum hostium agmen et nostrum primum non amplius quinis aut senis milibus passuum interesset.

Interim cotidie Caesar Haeduos frumentum, quod essent publice polliciti, flagitare. Nam propter frigora [quod Gallia sub septentrionibus, ut ante dictum est, posita est,] non modo frumenta in agris matura non erant, sed ne pabuli quidem satis magna copia suppetebat; eo autem frumento quod flumine Arari navibus subvexerat propterea uti minus poterat quod iter ab Arari Helvetii averterant, a quibus discedere nolebat. Diem ex die ducere Haedui: conferri, comportari, adesse dicere. Ubi se diutius duci intellexit et diem instare quo die frumentum militibus metiri oporteret, convocatis eorum principibus, quorum magnam copiam in castris habebat, in his Diviciaco et Lisco, qui summo magistratui praeerat, quem vergobretum appellant Haedui, qui creatur annuus et vitae necisque in suos habet potestatem, graviter eos accusat, quod, cum neque emi neque ex agris sumi possit, tam necessario tempore, tam propinquis hostibus ab iis non sublevetur, praesertim cum magna ex parte eorum precibus adductus bellum susceperit[; multo etiam gravius quod sit destitutus queritur].

Tum demum Liscus oratione Caesaris adductus quod antea tacuerat proponit: esse non nullos, quorum auctoritas apud plebem plurimum valeat, qui privatim plus possint quam ipsi magistratus. Hos seditiosa atque improba oratione multitudinem deterrere, ne frumentum conferant quod debeant: praestare, si iam principatum Galliae obtinere non possint, Gallorum quam Romanorum imperia perferre, neque dubitare [debeant] quin, si Helvetios superaverint Romani, una cum reliqua Gallia Haeduis libertatem sint erepturi. Ab isdem nostra consilia quaeque in castris gerantur hostibus enuntiari; hos a se coerceri non posse. Quin etiam, quod necessariam rem coactus Caesari enuntiarit, intellegere sese quanto id cum periculo fecerit, et ob eam causam quam diu potuerit tacuisse.

Caesar hac oratione Lisci Dumnorigem, Diviciaci fratrem, designari sentiebat, sed, quod pluribus praesentibus eas res iactari nolebat, celeriter concilium dimittit, Liscum retinet. Quaerit ex solo ea quae in conventu dixerat. Dicit liberius atque audacius. Eadem secreto ab aliis quaerit; reperit esse vera: ipsum esse Dumnorigem, summa audacia, magna apud plebem propter liberalitatem gratia, cupidum rerum novarum.

Complures annos portoria reliquaque omnia Haeduorum vectigalia parvo pretio redempta habere, propterea quod illo licente contra liceri audeat nemo. His rebus et suam rem familiarem auxisse et facultates ad largiendum magnas comparasse; magnum umerum equitatus suo sumptu semper alere et circum se habere, neque solum domi, sed etiam apud finitimas civitates largiter posse, atque huius potentiae causa matrem in Biturigibus homini illic nobilissimo ac potentissimo conlocasse; ipsum ex Helvetiis uxorem habere, sororum ex matre et propinquas suas nuptum in alias civitates conlocasse. Favere et cupere Helvetiis propter eam adfinitatem, odisse etiam suo nomine Caesarem et Romanos, quod eorum adventu potentia eius deminuta et Diviciacus frater in antiquum locum gratiae atque honoris sit restitutus. Si quid accidat Romanis, summam in spem per Helvetios regni obtinendi venire; imperio populi Romani non modo de regno, sed etiam de ea quam habeat gratia desperare. Reperiebat etiam in quaerendo Caesar, quod proelium equestre adversum paucis ante diebus esset factum, initium eius fugae factum a Dumnorige atque eius equitibus (nam equitatui, quem auxilio Caesari Haedui miserant, Dumnorix praeerat):

eorum fuga reliquum esse equitatum perterritum. Quibus rebus cognitis, cum ad has suspiciones certissimae res accederent, quod per fines Sequanorum Helvetios traduxisset, quod obsides inter eos dandos curasset, quod ea omnia non modo iniussu suo et civitatis sed etiam inscientibus ipsis fecisset, quod a magistratu Haeduorum accusaretur, satis esse causae arbitrabatur quare in eum aut ipse animadverteret aut civitatem animadvertere iuberet. His omnibus rebus unum repugnabat, quod Diviciaci fratris summum in populum Romanum studium, summum in se voluntatem, egregiam fidem, iustitiam, temperantiam cognoverat; nam ne eius supplicio Diviciaci animum offenderet verebatur.

Itaque prius quam quicquam conaretur, Diviciacum ad se vocari iubet et, cotidianis interpretibus remotis, per C. Valerium Troucillum, principem Galliae provinciae, familiarem suum, cui summam omnium rerum fidem habebat, cum eo conloquitur; simul commonefacit quae ipso praesente in concilio [Gallorum] de Dumnorige sint dicta, et ostendit quae separatim quisque de eo apud se dixerit. Petit atque hortatur ut sine eius offensione animi vel ipse de eo causa cognita statuat vel civitatem statuere iubeat. Diviciacus multis cum lacrimis Caesarem complexus obsecrare coepit ne quid gravius in fratrem statueret: scire se illa esse vera, nec quemquam ex eo plus quam se doloris capere, propterea quod, cum ipse gratia plurimum domi atque in reliqua Gallia, ille minimum propter adulescentiam posset, per se crevisset; quibus opibus ac nervis non solum ad minuendam gratiam, sed paene ad perniciem suam uteretur. Sese tamen et amore fraterno et existimatione vulgi commoveri. Quod si quid ei a Caesare gravius accidisset, cum ipse eum locum amicitiae apud eum teneret, neminem existimaturum non sua voluntate factum; qua ex re futurum uti totius Galliae animi a se averterentur. Haec cum pluribus verbis flens a Caesare peteret, Caesar eius dextram prendit; consolatus rogat finem orandi faciat; tanti eius apud se gratiam esse ostendit uti et rei publicae iniuriam et suum dolorem eius voluntati ac precibus condonet. Dumnorigem ad se vocat, fratrem adhibet; quae in eo reprehendat ostendit; quae ipse intellegat, quae civitas queratur proponit; monet ut in reliquum tempus omnes suspiciones vitet; praeterita se Diviciaco fratri condonare dicit.

Dumnorigi custodes ponit, ut quae agat, quibuscum loquatur scire possit.

Eodem die ab exploratoribus certior factus hostes sub monte consedisse milia passuum ab ipsius castris octo, qualis esset natura montis et qualis in circuitu ascensus qui cognoscerent misit.Renuntiatum est facilem esse.

De tertia vigilia T. Labienum, legatum pro praetore, cum duabus legionibus et iis ducibus qui iter cognoverant summum iugum montis ascendere iubet; quid sui consilii sit ostendit. Ipse de quarta vigilia eodem itinere quo hostes ierant ad eos contendit equitatumque omnem ante se mittit.

P. Considius, qui rei militaris peritissimus habebatur et in exercitu L. Sullae et postea in M. Crassi fuerat, cum exploratoribus praemittitur.

Prima luce, cum summus mons a [Lucio] Labieno teneretur, ipse ab hostium castris non longius mille et quingentis passibus abesset neque, ut postea ex captivis comperit, aut ipsius adventus aut Labieni cognitus esset, Considius equo admisso ad eum accurrit, dicit montem, quem a Labieno occupari voluerit, ab hostibus teneri: id se a Gallicis armis atque insignibus cognovisse. Caesar suas copias in proximum collem subducit, aciem instruit. Labienus, ut erat ei praeceptum a Caesare ne proelium committeret, nisi ipsius copiae prope hostium castra visae essent, ut undique uno tempore in hostes impetus fieret, monte occupato nostros expectabat proelioque abstinebat. Multo denique die per exploratores Caesar cognovit et montem a suis teneri et Helvetios castra, movisse et Considium timore perterritum quod non vidisset pro viso sibi renuntiavisse. Eo die quo consuerat intervallo hostes sequitur et milia passuum tria ab eorum castris castra ponit.

Postridie eius diei, quod omnino biduum supererat, cum exercitui frumentum metiri oporteret, et quod a Bibracte, oppido Haeduorum longe maximo et copiosissimo, non amplius milibus passuum XVIII aberat, rei frumentariae prospiciendum existimavit; [itaque] iter ab Helvetiis avertit ac Bibracte ire contendit. Ea res per fugitivos L. Aemilii, decurionis equitum Gallorum, hostibus nuntiatur. Helvetii, seu quod timore perterritos Romanos discedere a se existimarent, eo magis quod pridie superioribus locis occupatis proelium non commisissent, sive eo quod re frumentaria intercludi posse confiderent, commutato consilio atque itinere converso nostros a novissimo agmine insequi ac lacessere coeperunt. Postquam id animum advertit, copias suas Caesar in proximum collem subduxit equitatumque, qui sustineret hostium petum, misit. Ipse interim in colle medio triplicem aciem instruxit legionum quattuor veteranarum; in summo iugo duas legiones quas in Gallia citeriore proxime conscripserat et omnia auxilia conlocavit, ita ut supra se totum montem hominibus compleret; impedimenta sarcinasque in unum locum conterri et eum ab iis qui in superiore acie constiterant muniri iussit. Helvetii cum omnibus suis carris secuti impedimenta in unum locum contulerunt; ipsi concertissima acie, reiecto nostro equitatu, phalange facta sub primam nostram aciem successerunt.

Caesar primum suo, deinde omnium ex conspectu remotis equis, ut aequato omnium periculo spem fugae tolleret, cohortatus suos proelium commisit. Milites loco superiore pilis missis facile hostium phalangem perfregerunt. Ea disiecta gladiis destrictis in eos impetum fecerunt.

Gallis magno ad pugnam erat impedimento quod pluribus eorum scutis uno ictu pilorum transfixis et conligatis, cum ferrum se inflexisset, neque evellere neque sinistra impedita satis commode pugnare po-

terant, multi ut diu iactato bracchio praeoptarent scutum manu emittere et nudo corpore pugnare. Tandem vulneribus defessi et pedem referre et, quod mons suberit circiter mille passuum [spatio], eo se recipere coeperunt. Capto monte et succedentibus nostris, Boi et Tulingi, qui hominum milibus circiter XV agmen hostium claudebant et novissimis praesidio erant, ex itinere nostros [ab] latere aperto adgressi circumvenire, et id conspicati Helvetii, qui in montem sese receperant, rursus instare et proelium redintegrare coeperunt. Romani [conversa] signa bipertito intulerunt: prima et secunda acies, ut victis ac submotis resisteret, tertia, ut venientes sustineret.
Ita ancipiti proelio diu atque acriter pugnatum est. Diutius cum sustinere nostrorum impetus non possent, alteri se, ut coeperant, in montem receperunt, alteri ad impedimenta et carros suos se contulerunt.
Nam hoc toto proelio, cum ab hora septima ad vesperum pugnatum sit, aversum hostem videre nemo potuit. Ad multam noctem etiam ad impedimenta pugnatum est, propterea quod pro vallo carros obiecerunt et e loco superiore in nostros venientes tela coiciebant et non nulli inter carros rotasque mataras ac tragulas subiciebant nostrosque vulnerabant. Diu cum esset pugnatum, impedimentis castrisque nostri potiti sunt. Ibi Orgetorigis filia atque unus e filiis captus est. Ex eo proelio circiter hominum milia CXXX superfuerunt eaque tota nocte continenter ierunt [nullam partem noctis itinere intermisso]; in fines Lingonum die quarto pervenerunt, cum et propter vulnera militum et propter sepulturam occisorum nostri [triduum morati] eos sequi non potuissent. Caesar ad Lingonas litteras nuntiosque

misit, ne eos frumento neve alia re iuvarent: qui si iuvissent, se eodem loco quo Helvetios habiturum. Ipse triduo intermisso cum omnibus copiis eos sequi coepit.

Helvetii omnium rerum inopia adducti legatos de deditione ad eum miserunt. Qui cum eum in itinere convenissent seque ad pedes proiecissent suppliciterque locuti flentes pacem petissent, atque eos in eo loco quo tum essent suum adventum expectare iussisset, paruerunt. Eo postquam Caesar pervenit, obsides, arma, servos qui ad eos perfugissent, poposcit.

Dum ea conquiruntur et conferuntur, [nocte intermissa] circiter hominum milia VI eius pagi qui Verbigenus appellatur, sive timore perterriti, ne armis traditis supplicio adficerentur, sive spe salutis inducti, quod in tanta multitudine dediticiorum suam fugam aut occultari aut omnino ignorari posse existimarent, prima nocte e castris Helvetiorum egressi ad Rhenum finesque Germanorum contenderunt.

Quod ubi Caesar resciit, quorum per fines ierant his uti conquirerent et reducerent, si sibi purgati esse vellent, imperavit; reductos in hostium numero habuit; reliquos omnes obsidibus, armis, perfugis traditis in deditionem accepit. Helvetios, Tulingos, Latobrigos in fines suos, unde erant profecti, reverti iussit, et, quod omnibus frugibus amissis domi nihil erat quo famem tolerarent, Allobrogibus imperavit ut iis frumenti copiam facerent; ipsos oppida vicosque, quos incenderant, restituere iussit. Id ea maxime ratione fecit, quod noluit eum locum unde Helvetii discesserant vacare, ne propter bonitatem agrorum Germani, qui trans Rhenum incolunt, [ex] suis finibus in Helvetiorum fines transirent et finitimi Galliae provinciae Allobrogibusque essent. Boios petentibus Haeduis, quod egregia virtute erant cogniti, ut in finibus suis conlocarent, concessit; quibus illi agros dederunt quosque postea in parem iuris libertatisque condicionem atque ipsi erant receperunt.

In castris Hevetiorum tabulae repertae sunt litteris Graecis confectae et ad Caesarem relatae, quibus in tabulis nominatim ratio confecta erat, qui numerus domo exisset eorum qui arma ferre possent, et item separatim, [quot] pueri, senes mulieresque. [Quarum omnium rerum] summa erat capitum Helvetiorum milium CCLXIII, Tulingorum milium XXXVI, Latobrigorum XIIII, Rauracorum XXIII, Boiorum XXXII; ex his qui arma ferre possent ad milia nonaginta duo. Summa omnium fuerunt ad milia CCCLXVIII. Eorum qui domum redierunt censu habito, ut Caesar imperaverat, repertus est numerus milium C et X.

Bello Helvetiorum confecto totius fere Galliae legati, principes civitatum, ad Caesarem gratulatum convenerunt: intellegere sese, tametsi pro veteribus Helvetiorum iniuriis populi Romani ab his poenas bello repetisset, tamen eam rem non minus ex usu [terrae] Galliae quam populi Romani accidisse, propterea quod eo consilio florentissimis rebus domos suas Helvetii reliquissent uti toti Galliae bellum inferrent imperioque potirentur, locumque domicilio ex magna copia deligerent quem ex omni Gallia oportunissimum ac fructuosissimum iudicassent, reliquasque civitates stipendiarias haberent. Petierunt uti sibi concilium totius Galliae in diem certam indicere idque Caesaris facere voluntate liceret:

sese habere quasdam res quas ex communi consensu ab eo petere vellent. Ea re permissa diem concilio constituerunt et iure iurando ne quis enuntiaret, nisi quibus communi consilio mandatum esset, inter se sanxerunt.

Eo concilio dimisso, idem princeps civitatum qui ante fuerant ad Caesarem reverterunt petieruntque uti sibi secreto in occulto de sua omniumque salute cum eo agere liceret. Ea re impetrata sese omnes flentes Caesari ad pedes proiecerunt: non minus se id contendere et laborare ne ea quae dixissent enuntiarentur quam uti ea quae vellent impetrarent, propterea quod, si enuntiatum esset, summum in cruciatum se venturos viderent. Locutus est pro his Diviciacus Haeduus: Galliae totius lactiones esse duas; harum alterius principatum tenere Haeduos, alterius Arvernos. Hi cum tantopere de potentatu inter se multos annos contenderent, factum esse uti ab Arvernis Sequanisque Germani mercede arcesserentur. Horum primo circiter milia XV Rhenum transisse; postea quam agros et cultum et copias Gallorum homines feri ac barbari adamassent, traductos plures; nunc esse in Gallia ad C et XX milium numerum. Cum his Haeduos eorumque clientes semel atque iterum armis contendisse; magnam calamitatem pulsos accepisse, omnem nobilitatem, omnem senatum, omnem equitatum amisisse. Quibus proeliis calamitatibusque fractos, qui et sua virtute et populi Romani hospitio atque amicitia plurimum ante in Gallia potuissent, coactos esse Sequanis obsides dare nobilissimos civitatis et iure iurando civitatem obstringere sese neque obsides repetituros neque auxilium a populo Romano imploraturos neque recusaturos quo minus perpetuo sub illorum dicione atque imperio essent.

Unum se esse ex omni civitate Haeduorum qui adduci non potuerit ut iuraret aut liberos suos obsides daret. Ob eam rem se ex civitate profugisse et Romam ad senatum venisse auxilium postulatum, quod solus neque iure iurando neque obsidibus teneretur. Sed peius victoribus Sequanis quam Haeduis victis accidisse, propterea quod Ariovistus, rex Germanorum, in eorum finibus consedisset tertiamque partem agri Sequani, qui esset optimus totius Galliae, occupavisset et nunc de altera parte tertia Sequanos decedere iuberet, propterea quod paucis mensibus ante Harudum milia hominum XXIIII ad eum venissent, quibus locus ac sedes pararentur.

Futurum esse paucis annis uti omnes ex Galliae finibus pellerentur atque omnes Germani Rhenum transirent; neque enim conferendum esse Gallicum cum Germanorum agro neque hanc consuetudinem victus cum illa comparandam.

Ariovistum autem, ut semel Gallorum copias proelio vicerit, quod proelium factum sit ad Magetobrigam, superbe et crudeliter imperare, obsides nobilissimi cuiusque liberos poscere et in eos omnia exempla cruciatusque edere, si qua res non ad nutum aut ad voluntatem eius facta sit. Hominem esse barbarum, iracundum, temerarium: non posse eius imperia diutius sustineri. Nisi quid in Caesare populoque Romano sit auxilii, omnibus Gallis idem esse faciendum quod Helvetii fecerint, ut domo emigrent, aliud domicilium, alias sedes, remotas a Germanis, petant fortunamque, quaecumque accidat, experiantur. Haec si enuntiata Ariovisto sint, non dubitare quin de omnibus obsidibus qui apud eum sint gravissimum supplicium sumat. Caesarem vel auctoritate sua atque exercitus vel recenti victoria vel nomine populi Romani deterrere posse ne maior multitudo Germanorum Rhenum traducatur, Galliamque omnem ab Ariovisti iniuria posse defendere.

Hac oratione ab Diviciaco habita omnes qui aderant magno fletu auxilium a Caesare petere coeperunt. Animadvertit Caesar unos ex omnibus Sequanos nihil earum rerum facere quas ceteri facerent sed tristes capite demisso terram intueri. Eius rei quae causa esset miratus ex ipsis quaesiit. Nihil Sequani respondere, sed in eadem tristitia taciti permanere. Cum ab his saepius quaereret neque ullam omnino vocem exprimere posset, idem Diviacus Haeduus respondit: hoc esse miseriorem et graviorem fortunam Sequanorum quam reliquorum, quod soli ne in occulto quidem queri neque auxilium implorare auderent absentisque Ariovisti crudelitatem, velut si cora adesset, horrerent, propterea quod reliquis tamen fugae facultas daretur, Sequanis vero, qui intra fines suos Ariovistum recepissent, quorum oppida omnia in potestate eius essent, omnes cruciatus essent perferendi.

His rebus cognitis Caesar Gallorum animos verbis confirmavit pollicitusque est sibi eam rem curae futuram; magnam se habere spem et beneficio suo et auctoritate adductum Ariovistum finem iniuriis facturum.

Hac oratione habita, concilium dimisit. Et secundum ea multae res eum hortabantur quare sibi eam rem cogitandam et suscipiendam putaret, in primis quod Haeduos, fratres consanguineosque saepe numero a senatu appellatos, in servitute atque [in] dicione videbat Germanorum teneri eorumque obsides esse apud Ariovistum ac Sequanos intellegebat; quod in tanto imperio populi Romani turpissimum sibi et rei publicae esse arbitrabatur. Paulatim autem Germanos consuescere Rhenum transire et in Galliam magnam eorum multitudinem venire populo Romano periculosum videbat, neque sibi homines feros ac barbaros temperaturos existimabat quin, cum omnem Galliam occupavissent, ut ante Cimbri Teutonique fecissent, in provinciam exirent atque inde in Italiam contenderent [, praesertim cum Sequanos a provincia nostra Rhodanus divideret]; quibus rebus quam maturrime occurrendum putabat. Ipse autem Ariovistus tantos sibi spiritus, tantam arrogantiam sumpserat, ut ferendus non videretur.

Quam ob rem placuit ei ut ad Ariovistum legatos mitteret, qui ab eo postularent uti aliquem locum medium utrisque conloquio deligeret: velle sese de re publica et summis utriusque rebus cum eo agere. Ei legationi Ariovistus respondit: si quid ipsi a Caesare opus esset, sese ad eum venturum fuisse; si quid ille se velit, illum ad se venire oportere.

Praeterea se neque sine exercitu in eas partes Galliae venire audere quas Caesar possideret, neque exercitum sine magno commeatu atque molimento in unum locum contrahere posse. Sibi autem mirum videri quid in sua Gallia, quam bello vicisset, aut Caesari aut omnino populo Romano negotii esset.

His responsis ad Caesarem relatis, iterum ad eum Caesar legatos cum his mandatis mittit: quoniam tanto suo populique Romani beneficio adtectus, cum in consulatu suo rex atque amicus a senatu appellatus esset, hanc sibi populoque Romano gratiam referret ut in conloquium venire invitatus gravaretur neque de communi re dicendum sibi et cognoscendum putaret, haec esse quae ab eo postularet: primum ne quam multitudinem hominum amplius trans Rhenum in Galliam traduceret; deinde obsides quos haberet ab Haeduis redderet Sequanisque permitteret ut quos illi haberent voluntate eius reddere illis liceret; neve Haeduos iniuria lacesseret neve his sociisque eorum bellum inferret. Si [id] ita fecisset, sibi populoque Romano perpetuam gratiam atque amicitiam cum eo futuram; si non impetraret, sese, quoniam M. Messala, M. Pisone consulibus senatus censuisset uti quicumque Galliam provinciam obtineret, quod commodo rei publicae lacere posset, Haeduos ceterosque amicos populi Romani defenderet, se Haeduorum iniurias non neglecturum.

Ad haec Ariovistus respondit: ius esse belli ut qui vicissent iis quos vicissent quem ad modum vellent imperarent. Item populum Romanum victis non ad alterius praescriptum, sed ad suum arbitrium imperare consuesse. Si ipse populo Romano non praescriberet quem ad modum suo iure uteretur, non oportere se a populo Romano in suo iure impediri. Haeduos sibi, quoniam belli fortunam temptassent et armis congressi ac superati essent, stipendiarios esse factos. Magnam Caesarem iniuriam facere, qui suo adventu vectigalia sibi deteriora faceret. Haeduis se obsides redditurum non esse neque his neque eorum sociis iniuria bellum inlaturum, si in eo manerent quod convenisset stipendiumque quotannis penderent; si id non fecissent, longe iis fraternum nomen populi Romani afuturum. Quod sibi Caesar denuntiaret se Haeduorum iniurias non neglecturum, neminem secum sine sua pernicie contendisse. Cum vellet, congrederetur:

intellecturum quid invicti Germani, exercitatissimi in armis, qui inter annos XIIII tectum non subissent, virtute possent.

Haec eodem tempore Caesari mandata referebantur et legati ab Haeduis et a Treveris veniebant: Haedui questum quod Harudes, qui nuper in Galliam transportati essent, fines eorum popularentur: sese ne obsidibus quidem datis pacem Ariovisti redimere potuisse; Treveri autem, pagos centum Sueborum ad ripas Rheni consedisse, qui Rhemum transire conarentur; his praeesse Nasuam et Cimberium fratres.

Quibus rebus Caesar vehementer commotus maturandum sibi existimavit, ne, si nova manus Sueborum cum veteribus copiis Ariovisti sese coniunxisset, minus facile resisti posset. Itaque re frumentaria quam celerrime potuit comparata magnis itineribus ad Ariovistum contendit.

Cum tridui viam processisset, nuntiatum est ei Ariovistum cum suis omnibus copiis ad occupandum Vesontionem, quod est oppidum maximum Sequanorum, contendere [triduique viam a suis finibus processisse]. Id ne accideret, magnopere sibi praecavendum Caesar existimabat. Namque omnium rerum quae ad bellum usui erant summa erat in eo oppido facultas, idque natura loci sic muniebatur ut magnam ad ducendum bellum daret facultatem, propterea quod flumen [alduas] Dubis ut circino circumductum paene totum oppidum cingit, reliquum spatium, quod est non amplius pedum MDC, qua flumen intermittit, mons continet magna altitudine, ita ut radices eius montis ex utraque parte ripae fluminis contingant, hunc murus circumdatus arcem efficit et cum oppido coniungit. Huc Caesar magnis nocturnis diurnisque itineribus contendit occupatoque oppido ibi praesidium conlocat.

Dum paucos dies ad Vesontionem rei frumentariae commeatusque causa moratur, ex percontatione nostrorum vocibusque Gallorum ac mercatorum, qui ingenti magnitudine corporum Germanos, incredibili virtute atque exercitatione in armis esse praedicabant (saepe numero sese cum his congressos ne vultum quidem atque aciem oculorum dicebant ferre potuisse), tantus subito timor omnem exercitum occupavit ut non mediocriter omnium mentes animosque perturbaret. Hic primum ortus est a tribunis militum, praefectis, reliquisque qui ex urbe amicitiae causa Caesarem secuti non magnum in re militari usum habebant: quorum alius alia causa inlata, quam sibi ad proficiscendum necessariam esse diceret, petebat ut eius voluntate discedere liceret; non nulli pudore adducti, ut timoris suspicionem vitarent, remanebant. Hi neque vultum fingere neque interdum lacrimas tenere poterant: abditi in tabernaculis aut suum fatum querebantur aut cum familiaribus suis commune periculum miserabantur. Vulgo totis castris testamenta obsignabantur. Horum vocibus ac timore paulatim etiam ii qui magnum in castris usum habebant, milites centurionesque quique equitatui praeerant, perturbabantur. Qui se ex his minus timidos existimari volebant, non se hostem vereri, sed angustias itineris et magnitudinem silvarum quae intercederent inter ipsos atque Ariovistum, aut rem frumentariam, ut satis commode supportari posset, timere dicebant. Non nulli etiam Caesari nuntiabant, cum castra moveri ac signa ferri iussisset, non fore dicto audientes milites neque propter timorem signa laturos.

Haec cum animadvertisset, convocato consilio omniumque ordinum ad id consilium adhibitis centurionibus, vehementer eos incusavit: primum, quod aut quam in partem aut quo consilio ducerentur sibi quaerendum aut cogitandum putarent. Ariovistum se consule cupidissime populi Romani amicitiam adpetisse; cur hunc tam temere quisquam ab officio discessurum iudicaret? Sibi quidem persuaderi cognitis suis poslulatis atque aequitate condicionum perspecta eum neque suam neque populi Romani gratiam epudiaturum. Quod si furore atque amentia impulsum bellum intulisset, quid tandem vererentur? Aut cur de sua virtute aut de ipsius diligentia desperarent? Factum eius hostis periculum patrum nostrorum emoria Cimbris et Teutonis a C. Mario pulsis [cum non minorem laudem exercitus quam ipse imperator meritus videbatur]; factum ctiam nuper in Italia servili tumultu, quos tamen aliquid usus ac disciplina, quam a nobis accepissent, sublevarint. Ex quo iudicari posse quantum haberet in se boni constantia, propterea quod quos aliquam diu inermes sine causa timuissent hos postea armatos ac victores superassent. Denique hos esse eosdem Germanos quibuscum saepe numero Helvetii congressi non solum in suis sed etiam in illorum finibus plerumque superarint, qui tamen pares esse nostro exercitui non potuerint. Si quos adversum proelium et fuga Gallorum commoveret, hos, si quaererent, reperire posse diuturnitate belli defatigatis Gallis Ariovistum, cum multos menses castris se ac paludibus tenuisset neque sui potestatem fecisset, desperantes iam de pugna et dispersos subito adortum magis ratione et consilio quam virtute vicisse.

Cui rationi contra homines barbaros atque imperitos locus fuisset, hac ne ipsum quidem sperare nostros exercitus capi posse. Qui suum timorem in rei frumentariae simulationem angustiasque itineris conferrent, facere arroganter, cum aut de officio imperatoris desperare aut praescribere viderentur. Haec sibi esse curae; frumentum Sequanos, Leucos, Lingones subministrare, iamque esse in agris frumenta matura; de itinere ipsos brevi tempore iudicaturos. Quod non fore dicto audientes neque signa laturi dicantur, nihil se ea re commoveri: scire enim, quibuscumque exercitus dicto audiens non fuerit, aut male re gesta fortunam defuisse aut aliquo facinore comperto avaritiam esse convictam. Suam innocentiam perpetua vita, felicitatem Helvetiorum bello esse perspectam. Itaque se quod in longiorem diem conlaturus fuisset repraesentaturum et proxima nocte de quarta, vigilia castra moturum, ut quam primum intellegere posset utrum apud eos pudor atque officium an timor plus valeret. Quod si praeterea nemo sequatur, tamen se cum sola decima legione iturum, de qua non dubitet, sibique eam praetoriam cohortem futuram. Huic legioni Caesar et indulserat praecipue et propter virtutem confidebat maxime.
Hac oratione habita mirum in modum conversae sunt omnium mentes summaque alacritas et cupiditas belli gerendi innata est, princepsque X.
legio per tribunos militum ei gratias egit quod de se optimum iudicium fecisset, seque esse ad bellum gerendum paratissimam confirmavit. Deinde reliquae legiones cum tribunis militum et primorum ordinum centurionibus egerunt uti Caesari satis facerent: se neque umquam dubitasse neque timuisse neque de summa belli suum iudicium sed imperatoris esse ex-

istimavisse. Eorum satisfactione accepta et itinere exquisito per Diviciacum, quod ex Gallis ei maximam fidem habebat, ut milium amplius quinquaginta circuitu locis apertis exercitum duceret, de quarta vigilia, ut dixerat, profectus est. Septimo die, cum iter non intermitteret, ab exploratoribus certior factus est Ariovisti copias a nostris milia passuum IIII et XX abesse.

Cognito Caesaris adventu Ariovistus legatos ad eum mittit: quod antea de conloquio postulasset, id per se fieri licere, quoniam propius accessisset seque id sine periculo facere posse existimaret. Non respuit condicionem Caesar iamque eum ad sanitatem reverti arbitrabatur, cum id quod antea petenti denegasset ultro polliceretur, magnamque in spem veniebat pro suis tantis populique Romani in eum beneficiis cognitis suis postulatis fore uti pertinacia desisteret. Dies conloquio dictus est ex eo die quintus. Interim saepe cum legati ultro citroque inter eos mitterentur, Ariovistus postulavit ne quem peditem ad conloquium Caesar adduceret: vereri se ne per insidias ab eo circumveniretur; uterque cum equitatu veniret: alia ratione sese non esse venturum. Caesar, quod neque conloquium interposita causa tolli volebat neque salutem suam Gallorum equitatui committere audebat, commodissimum esse statuit omnibus equis Gallis equitibus detractis eo legionarios milites legionis X., cui quam maxime confidebat, imponere, ut praesidium quam amicissimum, si quid opus facto esset, haberet. Quod cum fieret, non inridicule quidam ex militibus X. legionis dixit: plus quam pollicitus esset Caesarem facere; pollicitum se in cohortis praetoriae loco X. legionem habiturum ad equum rescribere.

Planities erat magna et in ea tumulus terrenus satis grandis. Hic locus aequum fere spatium a castris Ariovisti et Caesaris aberat. Eo, ut erat dictum, ad conloquium venerunt. Legionem Caesar, quam equis devexerat, passibus CC ab eo tumulo constituit. Item equites Ariovisti pari intervallo constiterunt. Ariovistus ex equis ut conloquerentur et praeter se denos ad conloquium adducerent postulavit. Ubi eo ventum est, Caesar initio orationis sua senatusque in eum beneficia commemoravit, quod rex appellatus esset a senatu, quod amicus, quod munera amplissime missa; quam rem et paucis contigisse et pro magnis hominum officiis consuesse tribui docebat; illum, cum neque aditum neque causam postulandi iustam haberet, beneficio ac liberalitate sua ac senatus ea praemia consecutum.

Docebat etiam quam veteres quamque iustae causae necessitudinis ipsis cum Haeduis intercederent, quae senatus consulta quotiens quamque honorifica in eos facta essent, ut omni tempore totius Galliae principatum Haedui tenuissent, prius etiam quam nostram amicitiam adpetissent. Populi Romani hanc esse consuetudinem, ut socios atque amicos non modo sui nihil deperdere, sed gratia, dignitate, honore auctiores velit esse; quod vero ad amicitiam populi Romani attulissent, id iis eripi quis pati posset?

Postulavit deinde eadem quae legatis in mandatis dederat: ne aut Haeduis aut eorum sociis bellum inferret, obsides redderet, si nullam partem Germanorum domum remittere posset, at ne quos amplius Rhenum transire pateretur.

Ariovistus ad postulata Caesaris pauca respondit, de suis virtutibus multa praedicavit: transisse Rhenum sese non sua sponte, sed rogatum et arcessitum a

Gallis; non sine magna spe magnisque praemiis domum propinquosque reliquisse; sedes habere in Gallia ab ipsis concessas, obsides ipsorum voluntate datos; stipendium capere iure belli, quod victores victis imponere consuerint. Non sese Gallis sed Gallos sibi bellum intulisse: omnes Galliae civitates ad se oppugnandum venisse ac contra se castra habuisse; eas omnes copias a se uno proelio pulsas ac superatas esse. Si iterum experiri velint, se iterum paratum esse decertare; si pace uti velint, iniquum esse de stipendio recusare, quod sua voluntate ad id tempus pependerint. Amicitiam populi Romani sibi ornamento et praesidio, non detrimento esse oportere, atque se hac spe petisse. Si per populum Romanum stipendium remittatur et dediticii subtrahantur, non minus libenter sese recusaturum populi Romani amicitiam quam adpetierit. Quod multitudinem Germanorum in Galliam traducat, id se sui muniendi, non Galliae oppugnandae causa facere; eius rei testimonium esse quod nisi rogatus non venerit et quod bellum non intulerit sed defenderit. Se prius in Galliam venisse quam populum Romanum. Numquam ante hoc tempus exercitum populi Romani Galliae provinciae finibus egressum. Quid sibi vellet? Cur in suas possessiones veniret? Provinciam suam hanc esse Galliam, sicut illam nostram. Ut ipsi concedi non oporteret, si in nostros fines impetum faceret, sic item nos esse iniquos, quod in suo iure se interpellaremus. Quod fratres a senatu Haeduos appellatos diceret, non se tam barbarum neque tam imperitum esse rerum ut non sciret neque bello Allobrogum proximo Haeduos Romanis auxilium tulisse neque ipsos in iis contentionibus quas Haedui secum et cum Sequanis habuissent auxilio populi Romani usos esse. Debere se suspicari simulata Caesarem amicitia, quod exercitum in Gallia habeat, sui opprimendi causa habere. Qui nisi decedat atque exercitum deducat ex his regionibus, sese illum non pro amico sed pro hoste habiturum. Quod si eum interfecerit, multis sese nobilibus principibusque populi Romani gratum esse facturum (id se ab ipsis per eorum nuntios compertum habere), quorum omnium gratiam atque amicitiam eius morte redimere posset. Quod si decessisset et liberam possessionem Galliae sibi tradidisset, magno se illum praemio remuneraturum et quaecumque bella geri vellet sine ullo eius labore et periculo confecturum. Multa a Caesare in eam sententiam dicta sunt quare negotio desistere non posset: neque suam neque populi Romani consuetudinem pati ut optime meritos socios desereret, neque se iudicare Galliam potius esse Ariovisti quam populi Romani. Bello superatos esse Arvernos et Rutenos a Q. Fabio Maximo, quibus populus Romanus ignovisset neque in provinciam redegisset neque stipendium posuisset. Quod si antiquissimum quodque tempus spectari oporteret, populi Romani iustissimum esse in Gallia imperium; si iudicium senatus observari oporteret, liberam debere esse Galliam, quam bello victam suis legibus uti voluisset.

Dum haec in conloquio geruntur, Caesari nuntiatum est equites Ariovisti propius tumulum accedere et ad nostros adequitare, lapides telaque in nostros coicere. Caesar loquendi finem fecit seque ad suos recepit suisque imperavit ne quod omnino telum in hostes reicerent. Nam etsi sine ullo periculo legionis delectae cum equitatu proelium fore videbat, tamen committendum non putabat ut, pulsis hostibus, dici posset eos ab se per fidem in conloquio circumventos. Postea quam in vulgus militum elatum est qua arrogantia in conloquio Ariovistus usus omni Gallia Romanis interdixisset, impetumque in nostros eius equites fecissent, eaque res conloquium ut diremisset, multo maior alacritas studiumque pugnandi maius exercitui iniectum est.

Biduo post Ariovistus ad Caesarem legatos misit: velle se de iis rebus quae inter eos egi coeptae neque perfectae essent agere cum eo: uti aut iterum conloquio diem constitueret aut, si id minus vellet, ex suis legatis aliquem ad se mitteret. Conloquendi Caesari causa visa non est, et eo magis quod pridie eius diei Germani retineri non potuerant quin tela in nostros coicerent. Legatum ex suis sese magno cum periculo ad eum missurum et hominibus feris obiecturum existimabat. Commodissimum visum est C. Valerium Procillum, C. Valerii Caburi filium, summa virtute et humanitate adulescentem, cuius pater a C. Valerio Flacco civitate donatus erat, et propter fidem et propter linguae Gallicae scientiam, qua multa iam Ariovistus longinqua consuetudine utebatur, et quod in eo peccandi Germanis causa non esset, ad eum mittere, et una M. Metium, qui hospitio Ariovisti utebatur. His mandavit quae diceret Ariovistus cognogcerent et ad se referrent. Quos cum apud se in castris Ariovistus conspexisset, exercitu suo praesente conclamavit: quid ad se venirent? an speculandi causa? Conantes dicere prohibuit et in catenas coniecit.

Eodem die castra promovit et milibus passuum VI a Caesaris castris sub monte consedit. Postridie eius diei praeter castra Caesaris suas copias traduxit et milibus passuum duobus ultra eum castra fecit eo consilio uti frumento commeatuque qui ex Sequanis et Haeduis supportaretur Caesarem intercluderet. Ex eo die dies continuos V Caesar pro castris suas copias produxit et aciem instructam habuit, ut, si vellet Ariovistus proelio contendere, ei potestas non deesset. Ariovistus his omnibus diebus exercitum castris continuit, equestri proelio cotidie contendit. Genus hoc erat pugnae, quo se Germani exercuerant: equitum milia erant VI, totidem numero pedites velocissimi ac fortissimi, quos ex omni copia singuli singulos suae salutis causa delegerant: cum his in proeliis versabantur, ad eos se equites recipiebant; hi, si quid erat durius, concurrebant, si qui graviore vulnere accepto equo deciderat, circumsistebant; si quo erat longius prodeundum aut celerius recipiendum, tanta erat horum exercitatione celeritas ut iubis sublevati equorum cursum adaequarent.

Ubi eum castris se tenere Caesar intellexit, ne diutius commeatu prohiberetur, ultra eum locum, quo in loco Germani consederant, circiter passus DC ab his, castris idoneum locum delegit acieque triplici instructa ad eum locum venit. Primam et secundam aciem in armis esse, tertiam castra munire iussit. [Hic locus ab hoste circiter passus DC, uti dictum est, aberat.] Eo circiter hominum XVI milia expedita cum omni equitatu Ariovistus misit, quae copiae nostros terrerent et munitione prohiberent.

Nihilo setius Caesar, ut ante constituerat, duas acies hostem propulsare, tertiam opus perficere iussit. Munitis castris duas ibi legiones reliquit et partem auxiliorum, quattuor reliquas legiones in castra maiora reduxit.

Proximo die instituto suo Caesar ex castris utrisque copias suas eduxit paulumque a maioribus castris progressus aciem instruxit hostibusque pugnandi potestatem fecit. Ubi ne tum quidem eos prodire intellexit, circiter meridiem exercitum in castra reduxit. Tum demum Ariovistus partem suarum copiarum, quae castra minora oppugnaret, misit. Acriter utrimque usque ad vesperum pugnatum est. Solis occasu suas copias Ariovistus multis et inlatis et acceptis vulneribus in castra reduxit.

Cum ex captivis quaereret Caesar quam ob rem Ariovistus proelio non decertaret, hanc reperiebat causam, quod apud Germanos ea consuetudo esset ut matres familiae eorum sortibus et vaticinationibus declararent utrum proelium committi ex usu esset necne; eas ita dicere: non esse fas Germanos superare, si ante novam lunam proelio contendissent. Postridie eius diei Caesar praesidio utrisque castris quod satis esse visum est reliquit, alarios omnes in conspectu hostium pro castris minoribus constituit, quod minus multitudine militum legionariorum pro hostium numero valebat, ut ad speciem alariis uteretur; ipse triplici instructa acie usque ad castra hostium accessit. Tum demum necessario Germani suas copias castris eduxerunt generatimque constituerunt paribus intervallis, Harudes, Marcomanos, Tribocos, Vangiones, Nemetes, Sedusios, Suebos, omnemque aciem suam raedis et carris circumdederunt, ne qua spes in fuga relinqueretur. Eo mulieres imposuerunt, quae ad proelium proficiscentes milites passis manibus flentes implorabant ne se in servitutem Romanis traderent.

Caesar singulis legionibus singulos legatos et quaestorem praefecit, uti eos testes suae quisque virtutis haberet; ipse a dextro cornu, quod eam partem minime firmam hostium esse animadverterat, proelium commisit.

Ita nostri acriter in hostes signo dato impetum fecerunt itaque hostes repente celeriterque procurrerunt, ut spatium pila in hostes coiciendi non daretur. Relictis pilis comminus gladiis pugnatum est. At Germani celeriter ex consuetudine sua phalange facta impetus gladiorum exceperunt. Reperti sunt complures nostri qui in phalanga insilirent et scuta manibus revellerent et desuper vulnerarent. Cum hostium acies a sinistro cornu pulsa atque in fugam coniecta esset, a dextro cornu vehementer multitudine suorum nostram aciem premebant. Id cum animadvertisset P. Crassus adulescens, qui equitatui praeerat, quod expeditior erat quam ii qui inter aciem versabantur, tertiam aciem laborantibus nostris subsidio misit.

Ita proelium restitutum est, atque omnes hostes terga verterunt nec prius fugere destiterunt quam ad flumen Rhenum milia passuum ex eo loco circiter L pervenerunt. Ibi perpauci aut viribus confisi tranare contenderunt aut lintribus inventis sibi salutem reppererunt. In his fuit Ariovistus, qui naviculam deligatam ad ripam nactus ea profugit; reliquos omnes consecuti equites nostri interfecerunt. Duae fuerunt Ariovisti uxores, una Sueba natione, quam domo secum eduxerat, altera Norica, regis Voccionis soror, quam in Gallia duxerat a fratre missam: utraque in ea fuga periit; duae filiae: harum altera occisa, altera capta est. C.

Valerius Procillus, cum a custodibus in fuga trinis catenis vinctus traheretur, in ipsum Caesarem hostes equitatu insequentem incidit. Quae quidem res Caesari non minorem quam ipsa victoria voluptatem attulit, quod hominem honestissimum provinciae Galliae, suum familiarem et hospitem, ereptum ex manibus hostium sibi restitutum videbat neque eius calamitate de tanta voluptate et gratulatione quicquam fortuna deminuerat. Is se praesente de se ter sortibus consultum dicebat, utrum igni statim necaretur an in aliud tempus reservaretur: sortium beneficio se esse incolumem. Item M. Metius repertus et ad eum reductus est.

Hoc proelio trans Rhenum nuntiato, Suebi, qui ad ripas Rheni venerant, domum reverti coeperunt; quos ubi qui proximi Rhenum incolunt perterritos senserunt, insecuti magnum ex iis numerum occiderunt. Caesar una aestate duobus maximis bellis confectis maturius paulo quam tempus anni postulabat in hiberna in Sequanos exercitum deduxit; hibernis Labienum praeposuit; ipse in citeriorem Galliam ad conventus agendos profectus est.

## *C. IULI CAESARIS DE BELLO GALLICO COMMENTARIUS SECUNDUS*

CUM esset Caesar in citeriore Gallia [in hibernis], ita uti supra demonstravimus, crebri ad eum rumores adferebantur litterisque item Labieni certior fiebat omnes Belgas, quam tertiam esse Galliae partem dixeramus, contra populum Romanum coniurare obsidesque inter se dare.

Coniurandi has esse causas: primum quod vererentur ne, omni pacata Gallia, ad eos exercitus noster adduceretur; deinde quod ab non nullis Gallis sollicitarentur, partim qui, ut Germanos diutius in Gallia versari noluerant, ita populi Romani exercitum hiemare atque inveterascere in Gallia moleste ferebant, partim qui mobilitate et levitate animi novis imperiis studebant; ab non nullis etiam quod in Gallia a potentioribus atque iis qui ad conducendos homines facultates habebant vulgo regna occupabantur; qui minus facile eam rem imperio nostro consequi poterant.

His nuntiis litterisque commotus Caesar duas legiones in citeriore Gallia novas conscripsit et inita aestate in ulteriorem Galliam qui deduceret Q. Pedium legatum misit. Ipse, cum primum pabuli copia esse inciperet, ad exercitum venit. Dat negotium Senonibus reliquisque Gallis qui finitimi Belgis erant uti ea quae apud eos gerantur cognoscant seque de his rebus certiorem faciant. Hi constanter omnes

nuntiaverunt manus cogi, exercitum in unum locum
conduci. Tum vero dubitandum non existimavit quin
ad eos proficisceretur. Re frumentaria provisa castra
movet diebusque circiter XV ad fines Belgarum pervenit.
Eo cum de improviso celeriusque omnium opinione
venisset, Remi, qui proximi Galliae ex Belgis sunt,
ad eum legatos Iccium et Andebrogium, primos civitatis, miserunt, qui dicerent se suaque omnia in
fidem atque potestatem populi Romani permittere,
neque se cum reliquis Belgis consensisse neque contra populum Romanum coniurasse, paratosque esse
et obsides dare et imperata facere et oppidis recipere
et frumento ceterisque rebus iuvare; reliquos omnes
Belgas in armis esse, Germanosque qui cis Rhenum
incolant sese cum his coniunxisse, tantumque esse
eorum omnium furorem ut ne Suessiones quidem,
fratres consanguineosque suos, qui eodem iure et
isdem legibus utantur, unum imperium unumque
magistratum cum ipsis habeant, deterrere potuelint
quin cum iis consentirent.
Cum ab iis quaereret quae civitates quantaeque in
armis essent et quid in bello possent, sic reperiebat:
plerosque Belgos esse ortos a Germanis Rhenumque
antiquitus traductos propter loci fertilitatem ibi consedisse Gallosque qui ea loca incolerent expulisse,
solosque esse qui, patrum nostrorum memoria omni
Gallia vexata, Teutonos Cimbrosque intra suos fines
ingredi prohibuerint; qua ex re fieri uti earum rerum
memoria magnam sibi auctoritatem Illagnosque
spiritus in re militari sumerent. De numero eorum
omnia se habere explorata Remi dicebant, propterea
quod propinquitatibus adfinitatibus quo coniuncti

quantam quisque multitudinem in communi Belgarum concilio ad id bellum pollicitus sit cognoverint. Plurimum inter eos Bellovacos et virtute et auctoritate et hominum numero valere: hos posse conficere armata milia centum, pollicitos ex eo numero electa milia LX totiusque belli imperium sibi postulare. Suessiones suos esse finitimos; fines latissimos teracissimosque agros possidere. Apud eos fuisse regem nostra etiam memoria Diviciacum, totius Galliae potentissimum, qui cum magnae partis harum regionum, tum etiam Britanniae imperium obtinuerit; nunc esse regem Galbam: ad hunc propter iustitiam prudentiamque summam totius belli omnium voluntate deferri; oppida habere numero XII, polliceri milia armata L; totidem Nervios, qui maxime feri inter ipsos habeantur longissimeque absint; XV milia Atrebates, Ambianos X milia, Morinos XXV milia, Menapios VII milia, Caletos X milia, Veliocasses et Viromanduos totidem, Atuatucos XVIIII milia; Condrusos, Eburones, Caerosos, Paemanos, qui uno nomine Germani appellantur, arbitrari ad XL milia. Caesar Remos cohortatus liberaliterque oratione prosecutus omnem senatum ad se convenire principumque liberos obsides ad se adduci iussit.
Quae omnia ab his diligenter ad diem facta sunt. Ipse Diviciacum Haeduum magnopere cohortatus docet quanto opere rei publicae comnlunisque salutis intersit manus hostium distineri, ne cum tanta multitudine uno tempore confligendum sit. Id fieri posse, si suas copias Haedui in fines Bellovacorum introduxerint et eorum agros populari coeperint. His [datis] mandatis eum a se dimittit. Postquam omnes Belgarum copias in unum locum coactas ad se venire vidit neque iam longe abesse ab iis quos miserat exploratoribus et ab

Remis cognovit, flumen Axonam, quod est in extremis Remorum finibus, exercitum traducere maturavit atque ibi castra posuit.

Quae res et latus ullum castrorum ripis fluminis muniebat et post eum quae erant tuta ab hostibus reddebat et commeatus ab Remis reliquisque civitatibus ut sine periculo ad eum portari possent efficiebat. In eo flumine pons erat. Ibi praesidium ponit et in altera parte fluminis Q. Titurium Sabinum legatum cum sex cohortibus relinquit; castra in altitudinem pedum XII vallo fossaque duodeviginti pedum muniri iubet.

Ab his castris oppidum Remorum nomine Bibrax aberat milia passuum VIII. Id ex itinere magno impetu Belgae oppugnare coeperunt. Aegre eo die sustentatum est. Gallorum eadem atque Belgarum oppugnatio est haec:

ubi circumiecta multitudine hominum totis moenibus undique in murum lapides iaci coepti sunt murusque defensoribus nudatus est, testudine facta portas succedunt murumque subruunt. Quod tum facile fiebat. Nam cum tanta multitudo lapides ac tela %coicerent%, in muro consistendi potestas erat nulli. Cum finem oppugnandi nox fecisset, Iccius Remus, summa nobilitate et gratia inter suos, qui tum oppido praeerat, unus ex iis qui legati de pace ad Caesarem venerant, nuntium ad eum mittit, nisi subsidium sibi submittatur, sese diutius sustinere non posse.

Eo de media nocte Caesar isdem ducibus usus qui nuntii ab Iccio venerant, Numidas et Cretas sagittarios et funditores Baleares subsidio oppidanis mittit; quorum adventu et Remis cum spe delensionis studium propugnandi accessit et hostibus eadem de causa spes potiundi oppidi discessit. Itaque paulisper apud oppidum morati agrosque Remorum depopulati, omnibus vicis aedificiisque quo adire potuerant incensis, ad castra Caesaris omnibus copiis contenderunt et a milibus passuum minus duobus castra posuerunt; quae castra, ut fumo atque ignibus significabatur, amplius milibus passuum VIII latitudinem patebant.

Caesar primo et propter multitudinem hostium et propter eximiam opinionem virtutis proelio supersedere statuit; cotidie tamen equestribus proeliis quid hostis virtute posset et quid nostri auderent periclitabatur. Ubi nostros non esse inferiores intellexit, loco pro castris ad aciem instruendam natura oportuno atque idoneo, quod is collis ubi castra posita erant paululum ex planitie editus tantum adversus in latitudinem patebat quantum loci acies instructa occupare poterat, atque ex utraque parte lateris deiectus habebat et in fronte leniter fastigatus paulatim ad planitiem redibat, ab utroque latere eius collis transversam fossam obduxit circiter passuum CCCC et ad extremas fossas castella constituit ibique tormenta conlocavit, ne, cum aciem instruxisset, hostes, quod tantum multitudine poterant, ab lateribus pugnantes suos circumvenire possent. Hoc facto, duabus legionibus quas proxime conscripserat in castris relictis ut, si quo opus esset, subsidio duci possent, reliquas VI legiones pro castris in acie constituit. Hostes item suas copias ex castris eductas instruxerunt.

Palus erat non magna inter nostrum atque hostium exercitum. Hanc si nostri transirent hostes expectabant; nostri autem, si ab illis initium transeundi fieret, ut impeditos adgrederentur parati in armis erant.

47

Interim proelio equestri inter duas acies contendebatur. Ubi neutri transeundi initium faciunt, secundiore equitum proelio nostris Caesar suos in castra reduxit. Hostes protinus ex eo loco ad flumen Axonam contenderunt, quod esse post nostra castra demonstratum est. Ibi vadis repertis partem suarum copiarum traducere conati sunt eo consilio ut, si possent, castellum, cui praeerat Q. Titurius legatus, expugnarent pontemque interscinderent, si minus potuissent, agros Remorum popularentur, qui magno nobis usui ad bellum gerendum erant, commeatuque nostros prohiberent.

[Caesar] certior factus ab Titurio onlnem equitatum et levis armaturae Numidas, funditores sagittariosque pontem traducit atque ad eos contendit. Acriter in eo loco pugnatum est. Hostes impeditos nostri in flumine adgressi magnum eorum numerum occiderunt; per eorum corpora reliquos audacissime transire conantes multitudine telorum reppulerunt primosque, qui transierant, equitatu circumventos interfecerunt. Hostes, ubi et de expugnando oppido et de flumine transeundo spem se fefellisse intellexerunt neque nostros in locum iniquiorum progredi pugnandi causa viderunt atque ipsos res frumentaria deficere coepit, concilio convocato constituerunt optimum esse domum suam quemque reverti, et quorum in fines primum Romani exercitum introduxissent, ad eos defendendos undique convenirent, ut potius in suis quam in alienis finibus decertarent et domesticis copiis rei frumentariae uterentur. Ad eam sententiam cum reliquis causis haec quoque ratio eos deduxit, quod Diviciacum atque Haeduos finibus Bellovacorum adpropinquare cognoverant. His persuaderi ut diutius morarentur neque suis auxilium terrent non poterat.

Ea re constituta, secunda vigilia magno cum, strepitu ac tumultu castris egressi nullo certo ordine neque imperio, cum sibi quisque primum itineris locum peteret et domum pervenire properaret, fecerunt ut consimilis fugae profectio videretur. Hac re statim Caesar per speculatores cognita insidias veritus, quod qua de causa discederent nondum perspexerat, exercitum equitatumque castris continuit. Prima luce, confirmata re ab exploratoribus, omnem equitatum, qui novissimum agmen moraretur, praemisit. His Q. Pedium et L. Aurunculeium Cottam legatos praefecit; T. Labienum legatum cum legionibus tribus subsequi iussit. Hi novissimos adorti et multa milia passuum prosecuti magnam multitudinem eorum fugientium conciderunt, cum ab extremo agmine, ad quos ventum erat, consisterent fortiterque impetum nostrorum militum sustinerent, priores, quod abesse a periculo viderentur neque ulla necessitate neque imperio continerentur, exaudito clamore perturbatis ordinibus omnes in fuga sibi praesidium ponerent. Ita sine ullo periculo tantam eorum multitudinem nostri interfecerunt quantum fuit diei spatium; sub occasum solis sequi destiterunt seque in castra, ut erat imperatum, receperunt.

Postridie eius diei Caesar, prius quam se hostes ex terrore ac fuga reciperent, in fines Suessionum, qui proximi Remis erant, exercitum duxit et magno itinere [confecto] ad oppidum Noviodunum contendit. Id ex itinere oppugnare conatus, quod vacuum ab defensoribus esse audiebat, propter latitudinem fossae muriique altitudinem paucis defendentibus expugnare non potuit. Castris munitis vineas agere

quaeque ad oppugnandum usui erant comparare
coepit. Interim omnis ex fuga Suessionum multitudo
in oppidum proxima nocte convenit. Celeriter vineis
ad oppidum actis, aggere iacto turribusque constitutis, magnitudine operum, quae neque viderant ante
Galli neque audierant, et celeritate Romanorum permoti legatos ad Caesarem de deditione mittunt et
petentibus Remis ut conservarentur impetrant.
Caesar, obsidibus acceptis primis civitatis atque ipsius Galbae regis duobus filiis armisque omnibus ex
oppido traditis, in deditionem Suessiones accipit exercitumque in Bellovacos ducit. Qui cum se suaque
omnia in oppidum Bratuspantium contulissent atque
ab eo oppido Caesar cum exercitu circiter milia passuum V abesset, omnes maiores natu ex oppido
egressi manus ad Caesarem tendere et voce significare coeperunt sese in eius fidem ac potestatem
venire neque contra populum Romanum armis contendere. Item, cum ad oppidum accessisset castraque
ibi poneret, pueri mulieresque ex muro passis mallibus suo more pacem ab Romanis petierunt.
Pro his Diviciacus (nam post discessum Belgarum
dimissis Haeduorum copiis ad Cum reverterat) facit
verba: Bellovacos omni tempore in fide atque
amicitia civitatis Haeduae fuisse; impulsos ab suis
principibus, qui dicerent Haeduos a Caesare in servitutem redacto. omnes indignitates contumeliasque
perferre, et ab Haeduis defecisse et populo Romano
bellum intulisse. Qui eius consilii principes fuissent,
quod intellegerent quantam calamitatem civitati intulissent, in Britanniam profugisse.
Petere non solum Bellovacos, sed etiam pro his
Haeduos, ut sua clementia ac mansuetudine in eos
utatur. Quod si fecerit, Haeduorum auctoritatem

apud omnes Belgas amplificaturum, quorum auxiliis atque opibus, si qua bella inciderint, sustentare consuerint.

Caesar honoris Diviciaci atque Haeduorum causa sese eos in fidem recepturum et conservaturum dixit, et quod erat civitas magna inter Belgas auctoritate atque hominum multitudine praestabat, DC obsides poposcit.

His traditis omnibusque armis ex oppido conlatis, ab eo loco in fines Ambianorum pervenit; qui se suaque omnia sine mora dediderunt. Eorum fines Nervii attingebant. Quorum de natura moribusque Caesar cum quaereret, sic reperiebat: nullum esse aditum ad eos mercatoribus; nihil pati vini reliquarumque rerum ad luxuriam pertinentium inferri, quod his rebus relanguescere animos eorum et remitti virtutem existimarent; esse homines feros magnaeque virtutis; increpitare atque incusare reliquos Belgas, qui se populo Romano dedidissent patriamque virtutem proiecissent; confirmare sese neque legatos missuros neque ullam condicionem pacis accepturos.

Cum per eorum fines triduum iter fecisset, inveniebat ex captivis Sabim flumen a castris suis non amplius milibus passuum X abesse; trans id flumen omnes Nervios consedisse adventumque ibi Romanorum expectare una cum Atrebatibus et Viromanduis, finitimis suis (nam his utrisque persuaserant uti eandem belli fortunam experirentur); expectari etiam ab iis Atuatucorum copias atque esse in itinere; mulieres quique per aetatem ad pugnam inutiles viderentur in eum locum coniecisse quo propter paludes exercitui aditus non esset.

His rebus cognitis, exploratores centurionesque praemittit qui locum castris idoneum deligant. Cum ex dediticiis Belgis reliquisque Gallis complures Caesarem secuti una iter facerent, quidam ex his, ut postea ex captivis cognitum est, eorum dierum consuetudine itineris nostri exercitus perspecta, nocte ad Nervios pervenerunt atque his demonstrarunt inter singulas legiones impedimentorum magnum numerum intercedere, neque esse quicquam negotii, cum prima legio in castra venisset reliquaeque legiones magnum spatium abessent, hanc sub sarcinis adoriri; qua pulsa impedimentisque direptis, futurum ut reliquae contra consistere non auderent. Adiuvabat etiam eorum collsilium qui rem deferebant quod Nervii antiquitus, cum equitatu nihil possent (neque enim ad hoc tempus ei rei student, sed quicquid possunt, pedestribus valent copiis), quo facilius finitimorum equitatum, si praedandi causa ad eos venissent, impedirent, teneris arboribus incisis atque inflexis crebrisque in latitudinem ramis enatis [et] rubis sentibusque interiectis effecerant ut instar muri hae saepes munimentum praeberent, quo non modo non intrari sed ne perspici quidem posset. His rebus cum iter agminis nostri impediretur, non omittendum sibi consilium Nervii existimaverunt.

Loci natura erat haec, quem locum nostri castris delegerant. Collis ab summo aequaliter declivis ad flumen Sabim, quod supra nominavimus, vergebat. Ab eo flumine pari acclivitate collis nascebatur adversus huic et contrarius, passus circiter CC infimus apertus, ab superiore parte silvestris, ut non facile introrsus perspici posset. Intra eas silvas hostes in occulto sese continebant; in aperto loco secundum flumen paucae stationes equitum videbantur. Fluminis erat altitudo pedum circiter trium.

Caesar equitatu praemisso subsequebatur omnibus copiis; sed ratio ordoque agminis aliter se habebat ac Belgae ad Nervios detulerant. Nam quod hostibus adpropinquabat, consuetudine sua Caesar VI legiones expeditas ducebat; post eas totius exercitus impedimenta conlocarat; inde duae legiones quae proxime conscriptae erant totum agmen claudebant praesidioque impedimentis erant. Equites nostri cum funditoribus sagittariisque flumen transgressi cum hostium equitatu proelium commiserunt. Cum se illi identidem in silvis ad suos reciperent ac rursus ex silva in nostros impetum facerent, neque nostri longius quam quem ad finem porrecta [ac] loca aperta pertinebant cedentes insequi auderent, interim legiones VI quae primae venerant, opere dimenso, castra munire coeperunt. Ubi prima impedimenta nostri exercitus ab iis qui in silvis abditi latebant visa sunt, quod tempus inter eos committendi proelii convenerat, ut intra silvas aciem ordinesque constituerant atque ipsi sese confirmaverant, subito omnibus copiis provolaverunt impetumque in nostros equites fecerunt. His facile pulsis ac proturbatis, incredibili celeritate ad flumen decucurrerunt, ut paene uno tempore et ad silvas et in flumine [et iam in manibus nostris] hostes viderentur. Eadem autem celeritate adverso colle ad nostra castra atque eos qui in opere occupati erant contenderunt.

Caesari omnia uno tempore erant agenda: vexillum proponendum, quod erat insigne, cum ad arma concurri oporteret; signum tuba dandum; ab opere revocandi milites; qui paulo longius aggeris petendi causa processerant arcessendi; acies instruenda; milites cohortandi; signum dandum. Quarum rerum magnam partem temporis brevitas et incursus hostium impediebat. His difficultatibus duae res erant subsidio, scientia atque usus militum, quod superioribus proeliis exercitati quid fieri oporteret non minus commode ipsi sibi praescribere quam ab aliis doceri poterant, et quod ab opere singulisque legionibus singulos legatos Caesar discedere nisi munitis castris vetuerat. Hi propter propinquitatem et celeritatem hostium nihil iam Caesaris imperium expectabant, sed per se quae videbantur administrabant.

Caesar, necessariis rebus imperatis, ad cohortandos milites, quam [in] partem fors obtulit, decucurrit et ad legionem decimam devenit. Milites non longiore oratione cohortatus quam uti suae pristinae virtutis memoriam retinerent neu perturbarentur animo hostiumque impetum fortiter sustinerent, quod non longius hostes aberant quam quo telum adigi posset, proelii committendi signum dedit. Atque in alteram item cohortandi causa profectus pugnantibus occurrit. Temporis tanta fuit exiguitas hostiumque tam paratus ad dimicandum animus ut non modo ad insignia accommodanda sed etiam ad galeas induendas scutisque tegimenta detrahenda tempus defuerit. Quam quisque ab opere in partem casu devenit quaeque prima signa conspexit, ad haec constitit, ne in quaerendis suis pugnandi tempus dimitteret. Instructo exercitu magis ut loci natura [delectusque collis] et necessitas temporis quam ut rei militaris ratio atque ordo postulabat, cum diversae legiones aliae alia in parte hostibus resisterent saepibusque densissimis, ut ante demonstravimus, interiectis prospectus impediretur, neque certa subsidia conlocari neque quid in quaque parte opus esset provideri neque ab uno omnia imperia administrari poterant.

Itaque in tanta rerum iniquitate fortunae quoque eventus varii sequebantur.

Legionis VIIII. et X. milites, ut in sinistra parte aciei constiterant, pilis emissis cursu ac lassitudine exanimatos vulneribusque confectos Atrebates (nam his ea pars obvenerat) celeriter ex loco superiore in flumen compulerunt et transire conantes insecuti gladiis magnam partem eorum impeditam interfecerunt. Ipsi transire flumen non dubitaverunt et in locum iniquum progressi rursus resistentes hostes redintegrato proelio in fugam coniecerunt. Item alia in parte diversae duae legiones, XI. et VIII., profligatis Viromanduis, quibuscum erant congressae, ex loco superiore in ipsis fluminis ripis proeliabantur. At totis fere castris a fronte et a sinistra parte nudatis, cum in dextro cornu legio XII. et non magno ab ea intervallo VII. constitisset, omnes Nervii confertissimo agmine duce Boduognato, qui summam imperii tenebat, ad eum locum contenderunt; quorum pars [ab] aperto latere legiones circumvenire, pars summum castrorum locum petere coepit.

Eodem tempore equites nostri levisque armaturae pedites, qui cum iis una fuerant, quos primo hostium impetu pulsos dixeram, cum se in castra reciperent, adversis hostibus occurrebant ac rursus aliam in partem fugam petebant; et calones, qui ab decumana porta ac summo iugo collis nostros victores flumen transire conspexerant, praedandi causa egressi, cum respexissent et hostes in nostris castris versari vidissent, praecipites fugae sese mandabant. Simul eorum qui cum impedimentis veniebant clamor fremitusque oriebatur, aliique aliam in partem perterriti ferebantur.

Quibus omnibus rebus permoti equites Treveri, quorum inter Gallos virtutis opinio est singularis, qui auxilii causa a civitate missi ad Caesarem venerant, cum multitudine hostium castra [nostra] compleri, legiones premi et paene circumventas teneri, calones, equites, tunditores, Numidas diversos dissipatosque in omnes partes fugere vidissent, desperatis nostris rebus domum contenderunt: Romanos pulsos superatosque, castris impedimentisque eorum hostes potitos civitati renuntiaverunt.

Caesar ab X. legionis cohortatione ad dextrum cornu prolectus, ubi suos urgeri signisque in unum locum conlatis XII. legionis confertos milites sibi ipsos ad pugnam esse impedimento vidit, quartae cohortis omnibus centurionibus occisis signiferoque interfecto, signo amisso, reliquarum cohortium omnibus fere centurionibus aut vulneratis aut occisis, in his primipilo P. Sextio Baculo, fortissimo viro, multis gravibusque vulneribus confecto, ut iam se sustinere non posset, reliquos esse tardiores et non nullos ab novissimis deserto [loco] proelio excedere ac tela vitare, hostes neque a fronte ex inferiore loco subeuntes intermittere et ab utroque latere instare et rem esse in angusto vidit, neque ullum esse subsidium quod submitti posset, scuto ab novissimis [uni] militi detracto, quod ipse eo sine scuto venerat, in primam aciem processit centurionibusque nominatim appellatis reliquos cohortatus milites signa inferre et manipulos laxare iussit, quo facilius gladiis uti possent. Cuius adventu spe inlata militibus ac redintegrato animo, cum pro se quisque in conspectu imperatoris etiam in extremis suis rebus operam navare cuperet, paulum hostium impetus tardatus est.

Caesar, cum VII. legionem, quae iuxta constiterat, item urgeri ab hoste vidisset, tribunos militum monuit ut paulatim sese legiones coniungerent et conversa signa in hostes inferrent. Quo facto cum aliis alii subsidium ferrent neque timerent ne aversi ab hoste circumvenirentur, audacius resistere ac fortius pugnare coeperunt. Interim milites legionum duarum quae in novissimo agmine praesidio impedimentis fuerant, proelio nuntiato, cursu incitato in summo colle ab hostibus conspiciebantur, et T. Labienus castris hostium potitus et ex loco superiore quae res in nostris castris gererentur conspicatus X. legionem subsidio nostris misit. Qui cum ex equitum et calonum fuga quo in loco res esset quantoque in periculo et castra et legiones et imperator versaretur cognovissent, nihil ad celeritatem sibi reliqui fecerunt.

Horum adventu tanta rerum commutatio est facta ut nostri, etiam qui vulneribus confecti procubuissent, scutis innixi proelium redintegrarent, calones perterritos hostes conspicati etiam inermes armatis occurrerent, equites vero, ut turpitudinem fugae virtute delerent, omnibus in locis pugnae se legionariis militibus praeferrent. At hostes, etiam in extrema spe salutis, tantam virtutem praestiterunt ut, cum primi eorum cecidissent, proximi iacentibus insisterent atque ex eorum corporibus pugnarent, his deiectis et coacervatis cadaveribus qui superessent ut ex tumulo tela in nostros coicerent et pila intercepta remitterent: ut non nequiquam tantae virtutis homines iudicari deberet ausos esse transire latissimum flumen, ascendere altissimas ripas, subire iniquissimum locum; quae facilia ex difficillimis animi magnitudo redegerat.

Hoc proelio facto et prope ad internecionem gente ac nomine Nerviorum redacto, maiores natu, quos una cum pueris mulieribusque in aestuaria ac paludes coniectos dixeramus, hac pugna nuntiata, cum victoribus nihil impeditum, victis nihil tutum arbitrarentur, omnium qui supererant consensu legatos ad Caesarem miserunt seque ei dediderunt; et in commemoranda civitatis calamitate ex DC ad tres senatores, ex hominum milibus LX vix ad D, qui arma ferre possent, sese redactos esse dixerunt. Quos Caesar, ut in miseros ac supplices usus misericordia videretur, diligentissime conservavit suisque finibus atque oppidis uti iussit et finitimis imperavit ut ab iniuria et maleficio se suosque prohiberent. Atuatuci, de quibus supra diximus, cum omnibus copiis auxilio Nerviis venirent, hac pugna nuntiata ex itinere domum reverterunt; cunctis oppidis castellisque desertis sua omnia in unum oppidum egregie natura munitum contulerunt. Quod cum ex omnibus in circuitu partibus altissimas rupes deiectusque haberet, una ex parte leniter acclivis aditus in latitudinem non amplius pedum CC relinquebatur; quem locum duplici altissimo muro munierant; tum magni ponderis saxa et praeacutas trabes in muro conlocabant. Ipsi erant ex Cimbris Teutonisque prognati, qui, cum iter in provinciam nostram atque Italiam; facerent, iis impedimentis quae secum agere ac portare non poterant citra flumen Rhenum depositis custodiae [ex suis] ac praesidio VI milia hominum una reliquerant. Hi post eorum obitum multos annos a finitimis exagitati, cum alias bellum inferrent, alias inlatum defenderent, consensu eorum omnium pace facta hunc sibi domicilio locum delegerant.

Ac primo adventu exercitus nostri crebras ex oppido excursiones faciebant parvulisque proeliis cum nostris contendebant; postea vallo pedum XII in circuitu %XV% milium crebrisque castellis circummuniti oppido sese continebant. Ubi vineis actis aggere extructo turrim procul constitui viderunt, primum inridere ex muro atque increpitare vocibus, quod tanta machinatio a tanto spatio institueretur: quibusnam mallibus aut quibus viribus praesertim homines tantulae staturae (nam plerumque omnibus Gallis prae magnitudine corporum quorum brevitas nostra contemptui est) tanti oneris turrim in muro sese [posse] conlocare confiderent?

Ubi vero moveri et adpropinquare muris viderunt, nova atque inusitata specie commoti legatos ad Caesarem de pace miserunt, qui ad hunc modum locuti, non se existimare Romanos sine ope divina bellum gerere, qui tantae altitudinis machinationes tanta celeritate promovere possent, se suaque omnia eorum potestati permittere dixerunt. Unum petere ac deprecari: si forte pro sua clementia ac mansuetudine, quam ipsi ab aliis audirent, statuisset Atuatucos esse conservandos, ne se armis despoliaret. Sibi omnes fere finitimos esse inimicos ac suae virtuti invidere; a quibus se defelldere traditis armis non possent. Sibi praestare, si in eum casum deducerentur, quamvis fortunam a populo Romano pati quam ab his per cruciatum interfici inter quos dominari consuessent.

Ad haec Caesar respondit: se magis consuetudine sua quam merito eorum civitatem conservaturum, si prius quam murum aries attigisset se dedidissent; sed deditionis nullam esse condicionem nisi armis traditis.

Se id quod in Nerviis fecisset facturum finitimisque imperaturum ne quam dediticiis populi Romani iniuriam inferrent. Re renuntiata ad suos illi se quae imperarentur facere dixerunt. Armorum magna multitudine de muro in fossam, quae erat ante oppidum, iacta, sic ut prope summam muri aggerisque altitudinem acervi armorum adaequarent, et tamen circiter parte tertia, ut postea perspectum est, celata atque in oppido retenta, portis patefactis eo die pace sunt usi. Sub vesperum Caesar portas claudi militesque ex oppido exire iussit, ne quam noctu oppidani a militibus iniuriam acciperent. Illi ante inito, ut intellectum est, consilio, quod deditione facta nostros praesidia deducturos aut denique indiligentius servaturos crediderant, partim cum iis quae retinuerant et celaverant armis, partim scutis ex cortice factis aut viminibus intextis, quae subito, ut temporis exiguitas postulabat, pellibus induxerant, tertia vigilia, qua minime arduus ad nostras munitiones accensus videbatur, omnibus copiis repente ex oppido eruptionem fecerunt. Celeriter, ut ante Caesar imperaverat, ignibus significatione facta, ex proximis castellis eo concursum est, pugnatumque ab hostibus ita acriter est ut a viris fortibus in extrema spe salutis iniquo loco contra eos qui ex vallo turribusque tela iacerent pugnari debuit, cum in una virtute omnis spes consisteret. Occisis ad hominum milibus IIII reliqui in oppidum reiecti sunt. Postridie eius diei refractis portis, cum iam defenderet nemo, atque intromissis militibus nostris, sectionem eius oppidi universa Caesar vendidit. Ab iis qui emerant capitum numerus ad eum relatus est milium LIII.
Eodem tempore a P. Crasso, quem cum legione una miserat ad Venetos, Venellos, Osismos, Coriosolitas,

Esuvios, Aulercos, Redones, quae sunt maritimae civitates Oceanumque attingunt, certior factus est omnes eas civitates in dicionem potestatemque populi Romani esse redactas.

His rebus gestis omni Gallia pacata, tanta huius belli ad barbaros opinio perlata est uti ab iis nationibus quae trans Rhenum incolerent legationes ad Caesarem mitterentur, quae se obsides daturas, imperata facturas pollicerentur. Quas legationes Caesar, quod in Italiam Illyricumque properabat, inita proxima aestate ad se reverti iussit. Ipse in Carnutes, Andes, Turonos quaeque civitates propinquae iis locis erant ubi bellum gesserat, legionibus in hiberna deductis, in Italiam profectus est. Ob easque res ex litteris Caesaris dierum XV supplicatio decreta est, quod ante id tempus accidit nulli.

## *C. IULI CAESARIS DE BELLO GALLICO COMMENTARIUS TERTIUS*

CVM in Italiam proficisceretur Caesar, Ser. Galbam cum legione XII. et parte equitatus in Nantuates, Veragros Sedunosque misit, qui a finibus Allobrogum et lacu Lemanno et flumine Rhodano ad summas Alpes pertinent.
Causa mittendi fuit quod iter per Alpes, quo magno cum periculo magnisque cum portoriis mercatores ire consuerant, patefieri volebat. Huic permisit, si opus esse arbitraretur, uti in his locis legionem hiemandi causa conlocaret. Galba secundis aliquot proeliis factis castellisque compluribus eorum expugnatis, missis ad eum undique legatis obsidibusque datis et pace facta, constituit cohortes duas in Nantuatibus conlocare et ipse cum reliquis eius legionis cohortibus in vico Veragrorum, qui appellatur Octodurus hiemare; qui vicus positus in valle non magna adiecta planitie altissimis montibus undique continetur. Cum hic in duas partes flumine divideretur, alteram partem eius vici Gallis [ad hiemandum] concessit, alteram vacuam ab his relictam cohortibus attribuit. Eum locum vallo fossaque munivit.
Cum dies hibernorum complures transissent frumentumque eo comportari iussisset, subito per exploratores certior factus est ex ea parte vici, quam

Gallis concesserat, omnes noctu discessisse montesque qui impenderent a maxima multitudine Sedunorum et Veragrorum teneri. Id aliquot de causis acciderat, ut subito Galli belli renovandi legionisque opprimendae consilium caperent: primum, quod legionem neque eam plenissimam detractis cohortibus duabus et compluribus singillatim, qui commeatus petendi causa missi erant, absentibus propter paucitatem despiciebant; tum etiam, quod propter iniquitatem loci, cum ipsi ex montibus in vallem decurrerent et tela coicerent, ne primum quidem impetum suum posse sustineri existimabant. Accedebat quod suos ab se liberos abstractos obsidum nomine dolebant, et Romanos non solum itinerum causa sed etiam perpetuae possessionis culmina Alpium occupare conari et ea loca finitimae provinciae adiungere sibi persuasum habebant.

His nuntiis acceptis Galba, cum neque opus hibernorum munitionesque plene essent perfectae neque de frumento reliquoque commeatu satis esset provisum quod deditione facta obsidibusque acceptis nihil de bello timendum existimaverat, consilio celeriter convocato sententias exquirere coepit. Quo in consilio, cum tantum repentini periculi praeter opinionem accidisset ac iam omnia fere superiora loca multitudine armatorum completa conspicerentur neque subsidio veniri neque commeatus supportari interclusis itineribus possent, prope iam desperata salute non nullae eius modi sententiae dicebantur, ut impedimentis relictis eruptione facta isdem itineribus quibus eo pervenissent ad salutem contenderent. Maiori tamen parti placuit, hoc reservato ad extremum [casum] consilio interim rei eventum experiri et castra defendere.

Brevi spatio interiecto, vix ut iis rebus quas constituissent conlocandis atque administrandis tempus daretur, hostes ex omnibus partibus signo dato decurrere, lapides gaesaque in vallum coicere. Nostri primo integris viribus fortiter propugnare neque ullum flustra telum ex loco superiore mittere, et quaecumque pars castrorum nudata defensoribus premi videbatur, eo occurrere et auxilium ferre, sed hoc superari quod diuturnitate pugnae hostes defessi proelio excedebant, alii integris viribus succedebant; quarum rerum a nostris propter paucitatem fieri nihil poterat, ac non modo defesso ex pugna excedendi, sed ne saucio quidem eius loci ubi constiterat relinquendi ac sui recipiendi facultas dabatur.

Cum iam amplius horis sex continenter pugnaretur, ac non solum vires sed etiam tela nostros deficerent, atque hostes acrius instarent languidioribusque nostris vallum scindere et fossas complere coepissent, resque esset iam ad extremum perducta casum, P. Sextius Baculus, primi pili centurio, quem Nervico proelio compluribus confectum vulneribus diximus, et item C. Volusenus, tribunus militum, vir et consilii magni et virtutis, ad Galbam accurrunt atque unam esse spem salutis docent, si eruptione facta extremum auxilium experirentur. Itaque convocatis centurionibus celeriter milites certiores facit, paulisper intermitterent proelium ac tantum modo tela missa exciperent seque ex labore reficerent, post dato signo ex castris erumperent, atque omnem spem salutis in virtute ponerent.

Quod iussi sunt faciunt, ac subito omnibus portis eruptione facta neque cognoscendi quid fieret neque sui colligendi hostibus facultatem relinquunt. Ita commutata fortuna eos qui in spem potiundorum castrorum venerant undique circumventos intercipiunt, et ex hominum milibus amplius XXX, quem numerum barbarorum ad castra venisse constabat, plus tertia parte interfecta reliquos perterritos in fugam coiciunt ac ne in locis quidem superioribus consistere patiuntur. Sic omnibus hostium copiis fusis armisque exutis se intra munitiones suas recipiunt. Quo proelio facto, quod saepius fortunam temptare Galba nolebat atque alio se in hiberna consilio venisse meminerat, aliis occurrisse rebus videbat, maxime frumenti [commeatusque] inopia permotus postero die omnibus eius vici aedificiis incensis in provinciam reverti contendit, ac nullo hoste prohibente aut iter demorante incolumem legionem in Nantuates, inde in Allobroges perduxit ibique hiemavit.

His rebus gestis cum omnibus de causis Caesar pacatam Galliam existimaret, [superatis Belgis, expulsis Germanis, victis in Alpibus Sedunis,] atque ita inita hieme in Illyricum profectus esset, quod eas quoque nationes adire et regiones cognoseere volebat, subitum bellum in Gallia eoortum est. Eius belli haec fuit causa. P. Crassus adulescens eum legione VII. proximus mare Oeeanum in Andibus hiemabat. Is, quod in his loeis inopia frumenti erat, praefectos tribunosque militum eomplures in finitimas civitates frumenti causa dimisit; quo in numero est T. Terrasidius missus in Esuvios, M. Trebius Gallus in Coriosolites, Q. Velanius eum T. Silio in Venetos. Huius est civitatis longe amplissima auctoritas omnis orae maritimae regionum earum, quod et naves habent Veneti plurimas, quibus in Britanniam navigare consuerunt, et scientia atque usu rerum nauticarum ceteros antecedunt et in magno impetu maris atque aperto paucis portibus interiectis, quos tenent ipsi, omnes fere qui eo mari uti consuerunt habent vectigales. Ab his fit initium retinendi Silii atque Velanii, quod per eos suos se obsides, quos Crasso dedissent, recuperaturos existimabant. Horum auctoritate finitimi adducti, ut sunt Gallorum subita et repentina consilia, eadem de causa Trebium Terrasidiumque retinent et celeriter missis legatis per suos principes inter se coniurant nihil nisi communi consilio acturos eundemque omnes fortunae exitum esse laturos, reliquasque civitates sollicitant, ut in ea libertate quam a maioribus acceperint permanere quam Romanorum servitutem perferre malint. Omni ora maritima celeriter ad suam sententiam perducta communem legationem ad P. Crassum mittunt, si velit suos recuperare, obsides sibi remittat.

Quibus de rebus Caesar a Crasso certior factus, quod ipse aberat longius, naves interim longas aedificari in flumine Ligeri, quod influit in Oceanum, remiges ex provincia institui, nautas gubernatoresque comparari iubet. His rebus celeriter administratis ipse, cum primum per anni tempus potuit, ad exercitum contendit. Veneti reliquaeque item civitates cognito Caesaris adventu [certiores facti], simul quod quantum in se facinus admisissent intellegebant, [legatos, quod nomen ad omnes nationes sanctum inviolatumque semper fuisset, retentos ab se et in vincula coniectos,] pro magnitudine periculi bellum parare et maxime ea quae ad usum navium pertinent providere instituunt, boc maiore spe quod multum natura loci confidebant. Pedestria esse itinera concisa aestuariis, navigationem impeditam propter inscientiam locorum paucitatemque portuum sciebant, neque nostros exercitus propter inopiam frumenti diutius apud se morari posse confidebant; ac iam ut omnia contra opinionem acciderent, tamen sc plurimum navibus posse, [quam] Romanos neque ullam facultatem habere navium, neque eorum locorum ubi bellum gesturi essent vada, portus, insulas novisse; ac longe aliam esse navigationem in concluso mari atque in vastissimo atque apertissimo Oceano perspiciebant. His initis consiliis oppida muniunt, frumenta ex agris in oppida comportant, naves in Venetiam, ubi Caesarem primum bellum gesturum constabat, quam plurimas possunt cogunt. Socios sibi ad id bellum Osismos, Lexovios, Namnetes, Ambiliatos, Morinos, Diablintes, Menapios adsciscunt; auxilia ex Britannia, quae contra eas regiones posita est, arcessunt. Erant hae difficultates belli gerendi quas supra ostendilrIus, sed tamen multa Caesarem ad id bellum incitabant: iniuria retentorum equitum Romanorum, rebellio facta post deditionem, defectio datis obsidibus, tot civitatum coniuratio, in primis ne hac parte neglecta reliquae nationes sibi idem licere arbitrarentur. Itaque cum intellegeret omnes fere Gallos novis rebus studere et ad bellum mobiliter celeriterque excitari, omnes autem homines natura libertati studere et condicionem servitutis odisse, prius quam plures civitates conspirarent, partiendum sibi ac latius distribuendum exercitum putavit.

Itaque T. Labienum legatum in Treveros, qui proximi flumini Rheno sunt, cum equitatu mittit. Huic imandat, Remos reliquosque Belgas adeat atque in officio contineat Germanosque, qui auxilio a Belgis arcessiti dicebantur, si per vim navibus flumen transire conentur, prohibeat.

P. Crassum cum cohortibus legionariis XII et magno numero equitatus in Aquitaniam proficisci iubet, ne ex his nationibus auxilia in Galliam mittantur ac tantae nationes coniungantur. Q. Titurium Sabinum legatum cum legionibus tribus in Venellos, Coriosolites Lexoviosque mittit, qui eam manum distinendam curet. D. Brutum adulescentem classi Gallicisque navibus, quas ex Pictonibus et Santonis reliquisque pacatis regionibus convenirel iusserat, praeficit et, cum primum possit, in Venetos proficisci iubet. Ipse eo pedestribus copiis contendit.

Erant eius modi fere situs oppidorum ut posita in extremis lingulis promunturiisque neque pedibus aditum haberent, cum ex alto se acstus incitavisset, quod [bis] accidit semper horarum XII spatio, neque navibus, quod rursus minuente aestu naves in vadis adflictarentur. Ita utraque re oppidorum oppugnatio impediebatur. Ac si quando magnitudine operis forte superati, extruso mari aggere ac molibus atque his oppidi moenibus adaequatis, suis fortunis desperare coeperant, magno numero navium adpulso, cuius rei summam facultatem habebant, omnia sua deportabant seque in proxima oppida recipiebant: ibi se rursus isdem oportunitatibus loci defendebant. Haec eo facilius Inagnaln partem aestatis faciebant quod nostrae naves tempestatibus detinebantur summaque erat vasto atque aperto mari, rnagnis aestibus, raris ac prope nullis portibus difficultas navigandi.

Namque ipsorum naves ad hunc modum factae armataeque erant: carinae aliquanto planiores quam nostrarum navium, quo facilius vada ac decessum aestus excipere possent; prorae admodum erectae atque item puppes, ad magnitudinem fluctuum tempestatumque accommodatae; naves totae factae ex robore ad quamvis vim et contumeliam perferendam; transtra ex pedalibus in altitudinem trabibus, confixa clavis ferreis digiti pollicis crassitudine; ancorae pro funibus ferreis catenis revinctae; pelles pro velis alutaeque tenuiter confectae, [hae] sive propter inopiam lini atque eius usus inscientiam, sive eo, quod est magis veri simile, quod tantas tempestates Oceani tantosque impetus ventorum sustineri ac tanta onera navium regi velis non satis commode posse arbitrabantur. Cum his navibus nostrae classi eius modi congressus erat ut una celeritate et pulsu remorum praestaret, reliqua pro loci natura, pro vi tempestatum illis essent aptiora et accommodatiora. Neque enim iis nostrae rostro nocere poterant (tanta in iis erat firmitudo), neque propter altitudinem facile telum adigebatur, et eadem de causa minus commode copulis continebautur.

Accedebat ut, cum [saevire ventus coepisset et] se vento dedissent, et tempestatem ferrent facilius et in vadis consisterent tutius et ab aestu relictae nihil saxa et cotes timerent; quarum rerum omnium nostris navibus casus erat extimescendus.

Compluribus expugnatis oppidis Caesar, ubi intellexit frustra tantum laborem sumi neque hostium fugam captis oppidis reprimi neque iis noceri posse, statuit expectandam classem. Quae ubi convenit ac primum ab hostibus visa est, circiter CCXX naves eorum paratissimae atque omni genere armorum ornatissimae profectae ex portu nostris adversae constiterunt; neque satis Bruto, qui classi praeerat, vel tribunis militum centurionibusque, quibus singulae naves erant attributae, constabat quid agerent aut quam rationem pugnae insisterent. Rostro enim noceri non posse cognoverant; turribus autem excitatis tamen has altitudo puppium ex barbaris navibus superabat, ut neque ex inferiore loco satis commode tela adigi possent et missa a Gallis gravius acciderent. Una erat magno usui res praeparata a nostris, falces praeacutae insertae adfixaeque longuriis, non absimili forma muralium falcium. His cum funes qui antemnas ad malos destinabant comprehensi adductique erant, navigio remis incitato praerumpebantur. Quibus abscisis antemnae necessario concidebant, ut, cum omnis Gallicis navibus spes in velis armamentisque consisteret, his ereptis omnis usus navium uno tempore eriperetur. Reliquum erat certamen positum in virtute, qua nostri milites facile superabant, atque eo magis quod in conspectu Caesaris atque omnis exercitus res gerebatur, ut nullum paulo fortius factum latere posset; omnes enim colles ac loca superiora, unde erat propinquus despectus in mare, ab exercitu tenebantur.

Deiectis, ut diximus, antemnis, cum singulas binae ac ternae naves circumsteterant, milites summa vi transcendere in hostium naves contendebant. Quod postquam barbari fieri animadverterunt, expugnatis compluribus navibus, cum ei rei nullum reperiretur auxilium, fuga salutem petere contenderunt. Ac iam conversis in eam partem navibus quo ventus ferebat, tanta subito malacia ac tranquillitas extitit ut se ex loco movere non possent. Quae quidem res ad negotium conficiendum maximae fuit oportunitati: nam singulas nostri consectati expugnaverunt, ut perpaucae ex omni numero noctis interventu ad terram pervenirent, cum ab hora fere IIII. usque ad solis occasum pugnaretur.

Quo proelio bellum Venetorum totiusque orae maritimae confectum est.

Nam cum omnis iuventus, omnes etiam gravioris aetatis in quibus aliquid consilii aut dignitatis fuit eo convenerant, tum navium quod ubique fuerat in unum locum coegerant; quibus amissis reliqui neque quo se reciperent neque quem ad modum oppida defenderent habebant. Itaque se suaque omnia Caesari dediderunt. In quos eo gravius Caesar vindicandum statuit quo diligentius in reliquum tempus a barbaris ius legatorum conservaretur.

Itaque omni senatu necato reliquos sub corona vendidit.

Dum haec in Venetis geruntur, Q. Titurius Sabinus cum iis copiis quas a Caesare acceperat in fines Venellorum pervenit. His praeerat Viridovix ac summam imperii tenebat earum omnium civitatum quae defecerant, ex quibus exercitum [magnasque scopias] coegerat; atque his paucis diebus Aulerci Eburovices Lexoviique, senatu suo interfecto quod auctores belli esse nolebant, portas clauserunt seque cum Viridovice coniunxerunt; magnaque praeterea multitudo undique ex Gallia perditorum hominum latronumque convenerat, quos spes praedandi studiumque bellandi ab agri cultura et cotidiano labore revocabat. Sabinus idoneo omnibus rebus loco castris sese tenebat, cum Viridovix contra eum duorum milium spatio consedisset cotidieque productis copiis pugnandi potestatem faceret, ut iam non solum hostibus in contemptionem Sabinus veniret, sed etiam nostrorum militum vocibus non nihil carperetur; tantamque opinionem timoris praebuit ut iam ad vallum castrorum hostes accedere auderent. Id ea de causa faciebat quod cum tanta multitudine hostium, praesertim eo absente qui summam imperii teneret, nisi aequo loco aut oportunitate aliqua data legato dimicandum non existimabat.

Hac confirmata opinione timoris idoneum quendam hominem et callidum deligit, Gallum, ex iis quos auxilii causa secum habebat. Huic magnis praemiis pollicitationibusque persuadet uti ad hostes transeat, et quid fieri velit edocet. Qui ubi pro perfuga ad eos venit, timorem Romanorum proponit, quibus angustiis ipse Caesar a Venetis prematur docet, eque longius abesse quin proxima nocte Sabinus clam ex castris exercitum educat et ad Caesarem auxilii ferendi causa proficiscatur. Quod ubi auditum est, conclamant omnes occasionem negotii bene gerendi amittendam non esse: ad castra iri oportere. Multae res ad hoc consilium Gallos hortabantur: superiorum dierum Sabini cunctatio, perfugae confirmatio, inopia cibariorum, cui rei paum diligenter ab iis erat provisum, spes Venetici belli, et quod fere libenter. homines id quod volunt credunt. His rebus adducti non prius Viridovicem reliquosque duces ex concilio dimittunt quam ab iis sit concessum arma uti capiant et ad castra contendant. Qua re concessa laeti, ut explorata victoria, sarmentis virgultisque collectis, quibus fossas Romanorum compleant, ad castra pergunt.

Locus erat castrorum editus et paulatim ab imo acclivis circiter passus mille. Huc magno cursu contenderunt, ut quam minimum spatii ad se colligendos armandosque Romanis daretur, exanimatique pervenerunt.

Sabinus suos hortatus cupientibus signum dat. Impeditis hostibus propter ea quae ferebant onera subito duabus portis eruptionem fieri iubet.

Factum est oportunitate loci, hostium inscientia ac defatigatione, virtute militum et superiorum pugnarum exercitatione, ut ne unum quidem nostrorum impetum ferrent ac statim terga verterent. Quos impeditos integris viribus milites nostri consecuti magnum numerum eorum occiderunt; reliquos equites consectati paucos, qui ex fuga evaserant, reliquerunt. Sic uno tempore et de navali pugna Sabinus et de Sabini victoria Caesar est certior factus, civitatesque omnes se statim Titurio dediderunt.
Nam ut ad bella suscipienda Gallorum alacer ac promptus est animus, sic mollis ac minime resistens ad calamitates ferendas mens eorum est.
Eodem fere tempore P. Crassus., cum in Aquitaniam pervenisset, quae [pars], ut ante dictum est, [et regionum latitudine et multitudine hominum] tertia pars Galliae est [aestimanda], cum intellegeret in iis locis sibi bellum gerendum ubi paucis ante annis L. Valerius Praeconinus legatus exercitu pulso interfectus esset atque unde L. Manlius proconsul impedimentis amissis profugisset, non mediocrem sibi diligentiam adhibendam intellegebat. Itaque re frumentaria provisa, auxiliis equitatuque comparato, multis praeterea viris fortibus Tolosa et Carcasone et Narbone, quae sunt civitates Galliae provinciae finitimae, ex his regionibus nominatim evocatis, in Sotiatium fines exercitum introduxit.
Cuius adventu cognito Sotiates magnis copiis coactis, equitatuque, quo plurimum valebant, in itinere agmen nostrum adorti primum equestre proelium commiserunt, deinde equitatu suo pulso atque insequentibus nostris subito pedestres copias, quas in convalle in insidiis conlocaverant, ostenderunt. Hi nostros disiectos adorti proelium renovarunt.

Pugnatum est diu atque acriter, cum Sotiates superioribus victoriis freti in sua virtute totius Aquitaniae salutem positam putarent, nostri autem quid sine imperatore et sine reliquis legionibus adulescentulo duce efficere possent perspici cuperent; tandem confecti vulneribus hostes terga verterunt. Quorum magno numero interfecto Crassus ex itinere oppidum Sotiatium oppugnare coepit. Quibus fortiter resistentibus vineas turresque egit. Illi alias eruptione temptata, alias cuniculis ad aggerem vineasque actis (cuius rei sunt longe peritissimi Aquitani, propterea quod multis locis apud eos aerariae secturaeque sunt), ubi diligentia nostrorum nihil his rebus profici posse intellexerunt, legatos ad Crassum mittunt seque in deditionem ut recipiat petunt. Qua re impetrata arma tradere iussi faciunt.

Atque in eam rem omnium nostrorum intentis animis alia ex parte oppidi Adiatunnus, qui summam imperii tenebat, cum DC devotis, quos illi soldurios appellant, quorum haec est condicio, ut omnibus in vita commodis una cum iis fruantur quorum se amicitiae dediderint, si quid his per vim accidat, aut eundem casum una ferant aut sibi mortem consciscant; neque adhuc hominum memoria repertus est quisquam qui, eo interfecto cuius se amicitiae devovisset, mortem recusaret—cum his Adiatunnus eruptionem facere conatus clamore ab ea parte munitionis sublato cum ad arma milites concurrissent vehementerque ibi pugnatum esset, repulsus in oppidum tamen uti eadem deditionis condicione uteretur a Crasso impetravit.

Armis obsidibusque acceptis, Crassus in fines Vocatium et Tarusatium profectus est. Tum vero barbari commoti, quod oppidum et natura loci et manu mu-

nitum paucis diebus quibus eo ventum erat expugnatum cognoverant, legatos quoque versus dimittere, coniurare, obsides inter se dare, copias parare coeperunt. Mittuntur etiam ad eas civitates legati quae sunt citerioris Hispaniae finitimae Aquitaniae: inde auxilia ducesque arcessuntur. Quorum adventu magna cum auctoritate et magna [cum] hominum multitudine bellum gerere conantur. Duces vero ii deliguntur qui una cum Q. Sertorio omnes annos fuerant summamque scientiam rei militaris habere existimabantur. Hi consuetudine populi Romani loca capere, castra munire, commeatibus nostros intercludere instituunt. Quod ubi Crassus animadvertit, suas copias propter exiguitatem non facile diduci, hostem et vagari et vias obsidere et castris satis praesidii relinquere, ob eam causam minus commode frumentum commeatumque sibi supportari, in dies hostium numcrum augeri, non cunctandum existimavit quin pugna decertaret.
Hac re ad consilium delata, ubi omnes idem sentire intellexit, posterum diem pugnae constituit.
Prima luce productis omnibus copiis duplici acie instituta, auxiliis in mediam aciem coniectis, quid hostes consilii caperent expectabat.
Illi, etsi propter multitudinem et veterem belli gloriam paucitatemque nostrorum se tuto dimicaturos existimabant, tamen tutius esse arbitrabantur obsessis viis commeatu intercluso sine vulnere victoria potiri, et si propter inopiam rei frumentariae Romani se recipere coepissent, impeditos in agmine et sub sarcinis infirmiores animo adoriri cogitabant. Hoc consilio probato ab ducibus, productis Romanorum copiis, sese castris tenebant. Hac re perspecta Crassus, cum sua cunctatione atque opinione timoris

hostes nostros milites alacriores ad pugnaudum effecissent atque omnium voces audirentur expectari diutius non oportere quin ad castra iretur, cohortatus suos omnibus cupientibus ad hostium castra contendit.

Ibi cum alii fossas complerent, alii multis telis coniectis defensores vallo munitionibusque depellerent, auxiliaresque, quibus ad pugnam non multum Crassus confidebat, lapidibus telisque subministrandis et ad aggerem caespitibus comportandis speciem atque opinionem pugnantium praeberent, cum item ab hostibus constanter ac non timide pugnaretur telaque ex loco superiore missa non frustra acciderent, equites circumitis hostium castris Crasso renuntiaverunt non eadem esse diligentia ab decumana porta castra munita facilemque aditum habere.

Crassus equitum praefectos cohortatus, ut magnis praemiis pollicitationibusque suos excitarent, quid fieri vellet ostendit. Illi, ut erat imperatum, eductis iis cohortibus quae praesidio castris relictae intritae ab labore erant, et longiore itinere circumductis, ne ex hostium castris conspici possent, omnium oculis mentibusque ad pugnam intentis celeriter ad eas quas diximus munitiones pervenerunt atque his prorutis prius in hostium castris constiterunt quam plane ab his videri aut quid rei gereretur cognosci posset. Tum vero clamore ab ea parte audito nostri redintegratis viribus, quod plerumque in spe victoriae accidere consuevit, acrius impugnare coeperunt. Hostes undique circumventi desperatis omnibus rebus se per munitiones deicere et fuga salutem petere contenderunt. Quos equitatus apertissimis campis consectatus ex milium L numero, quae ex Aquitania

Cantabrisque convenisse constabat, vix quarta parte relicta, multa nocte se in castra recepit.

Hac audita pugna maxima pars Aquitaniae sese Crasso dedidit obsidesque ultro misit; quo in numero fuerunt Tarbelli, Bigerriones, Ptianii, Vocates, Tarusates, Elusates, Gates, Ausci, Garumni, Sibusates, Cocosates: paucae ultimae nationes anni tempore confisae, quod hiems suberat, id facere neglexerunt.

Eodem fere tempore Caesar, etsi pmpe exacta iam aestas erat, tamen, quod omni Gallia pacata Morini Menapiique supererant, qui in armis essent neque ad eum umquam legatos de pace misissent, arbitratus id bellum celeriter confici posse eo exercitum duxit; qui longe alia ratione ac reliqui Galli bellum gerere coeperunt. Nam quod intellegebant maximas nationes, quae proelio contendissent, pulsas superatasque esse, continentesque silvas ac paludes habebant, eo se suaque omnia contulerunt. Ad quarum initium silvarum cum Caesar pervenisset castraque munire instituisset neque hostis interim visus esset, dispersis in opere nostris subito ex omnibus partibus silvae evolaverunt et in nostros impetum fecerunt. Nostri celeriter arma ceperunt eosque in silvas repulerunt et compluribus interfectis longius impeditioribus locis secuti paucos ex suis deperdiderunt.

Reliquis deinceps diebus Caesar silvas caedere instituit, et ne quis inermibus imprudentibusque militibus ab latere impetus fieri posset, omnem eam materiam quae erat caesa conversam ad hostem conlocabat et pro vallo ad utrumque latus extruebat. Incredibili celeritate magno spatio paucis diebus confecto, cum iam pecus atque extrema impedimenta a nostris tenerentur, ipsi densiores silvas peterent, eius modi sunt tempestates consecutae uti opus necessario intermitteretur et continuatione imbrium diutius sub pellibus milites contineri non possent. Itaque vastatis omnibus eorum agris, vicis aedificiisque incensis, Caesar exercitum reduxit et in Aulercis Lexoviisque, reliquis item civitatibus quae proxime bellum fecerant, in hibernis conlocavit.

## *C. IULI CAESARIS DE BELLO GALLICO COMMENTARIUS QUARTUS*

EA quae secuta est hieme, qui fuit annus Cn. Pompeio, M. Crasso consulibus, Usipetes Germani et item Tencteri magna [cum] multitudine hominum flumen Rhenum transierunt, non longe a mari, quo Rhenus influit.
Causa transeundi fuit quod ab Suebis complures annos exagitati bello premebantur et agri cultura prohibebantur.
Sueborum gens est longe maxima et bellicosissima Germanorum omnium.
Hi centum pagos habere dicuntur, ex quibus quotannis singula milia armatorum bellandi causa ex finibus educunt. Reliqui, qui domi manserunt, se atque illos alunt; hi rursus in vicem anno post in armis sunt, illi domi remanent. Sic neque agri cultura nec ratio atque usus belli intermittitur. Sed privati ac separati agri apud eos nihil est, neque longius anno remanere uno in loco colendi causa licet. Neque multum frumento, sed maximam partem lacte atque pecore vivunt multum sunt in venationibus; quae res et cibi genere et cotidiana exercitatione et libertate vitae, quod a pueris nullo officio aut disciplina adsuefacti nihil omnino contra voluntatem faciunt, et vires alit et immani corporum magnitudine homines efficit. Atque in eam se consuetudinem adduxerunt ut locis frigidissimis neque vestitus praeter pelles

habeant quicquam, quarum propter exiguitatem magna est corporis pars aperta, et laventur in fluminibus.
Mercatoribus est aditus magis eo ut quae bello ceperint quibus vendant habeant, quam quo ullam rem ad se importari desiderent. Quin etiam iumentis, quibus maxime Galli delectantur quaeque impenso parant pretio, Germani importatis non utuntur, sed quae sunt apud eos nata, parva atque deformia, haec cotidiana exercitatione summi ut sint laboris efficiunt. Equestribus proeliis saepe ex equis desiliunt ac pedibus proeliantur, equos eodem remanere vestigio adsue fecerunt, ad quos se celeriter, cum usus est, recipiunt: neque eorum moribus turpius quicquam aut inertius habetur quam ephippiis uti. Itaque ad quemvis numerum ephippiatorum equitum quamvis pauci adire audent. Vinum omnino ad se importari non patiuntur, quod ea re ad laborem ferendum remollescere homines atque effeminari arbitrantur. Publice maximam putant esse laudem quam latissime a suis finibus vacare agros: hac re significari magnum numerum civitatum suam vim sustinere non posse. Itaque una ex parte a Suebis circiter milia passuum C agri vacare dicuntur. Ad alteram partem succedunt Ubii, quorum fuit civitas ampla atque florens, ut est captus Germanorum; ii paulo, quamquam sunt eiusdem generis, sunt ceteris humaniores, propterea quod Rhenum attingunt multum ad eos mercatores ventitant et ipsi propter propinquitatem [quod] Gallicis sunt moribus adsuefacti. Hos cum Suebi multis saepe bellis experti propter amplitudinem gravitatem civitatis finibus expellere non potuissent, tamen vectigales sibi fecerunt ac multo humiliores infirmiores redegerunt.

In eadem causa fuerunt Usipetes et Tencteri, quos supra diximus; qui complures annos Sueborum vim sustinuerunt, ad extremum tamen agris expulsi et multis locis Germaniae triennium vagati ad Rhenum pervenerunt, quas regiones Menapii incolebant. Hi ad utramque ripam fluminis agros, aedificia vicosque habebant; sed tantae multitudinis adventu perterriti ex iis aedificiis quae trans flumen habuerant demigraverant, et cis Rhenum dispositis praesidiis Germanos transire prohibebant. Illi omnia experti, cum neque vi contendere propter inopiam navium neque clam transire propter custodias Menapiorum possent, reverti se in suas sedes regiones simulaverunt et tridui viam progressi rursus reverterunt atque omni hoc itinere una nocte equitatu confecto inscios inopinantes Menapios oppresserunt, qui de Germanorum discessu per exploratores certiores facti sine metu trans Rhenum in suos vicos remigraverant. His interfectis navibus eorum occupatis, prius quam ea pars Menapiorum quae citra Rhenum erat certior fieret, flumen transierunt atque omnibus eorum aedificiis occupatis reliquam partem hiemis se eorum copiis aluerunt.

His de rebus Caesar certior factus et infirmitatem Gallorum veritus, quod sunt in consiliis capiendis mobiles et novis plerumque rebus student, nihil his committendum existimavit. Est enim hoc Gallicae consuetudinis, uti et viatores etiam invitos consistere cogant et quid quisque eorum de quaque re audierit aut cognoverit quaerant et mercatores in oppidis vulgus circumsistat quibus ex regionibus veniant quas ibi res cognoverint pronuntiare cogat. His rebus atque auditionibus permoti de summis saepe rebus consula ineunt, quorum eos in vestigio paenitere ne-

cesse est, cum incertis rumoribus serviant et pleri ad voluntatem eorum ficta respondeant.
Qua consuetudine cognita Caesar, ne graviori bello, occurreret, maturius quam consuerat ad exercitum proficiscitur. Eo cum venisset, ea quas fore suspicatus erat facta cognovit: missas legationes ab non nullis civitatibus ad Germanos invitatos eos uti ab Rheno discederent: omnia quae[que] postulassent ab se fore parata. Qua spe adducti Germani latius iam vagabantur et in fines Eburonum et Condrusorum, qui sunt Treverorum clientes, pervenerant. Principibus Gallice evocatis Caesar ea quae cognoverat dissimulanda sibi existimavit, eorumque animis permulsis et confirmatis equitatu imperato bellum cum Germanis gerere constituit.
Re frumentaria comparata equitibusque delectis iter in ea loca facere coepit, quibus in locis esse Germanos audiebat. A quibus cum paucorum dierum iter abesset, legati ab iis venerunt, quorum haec fuit oratio:
Germanos neque priores populo Romano bellum inferre neque tamen recusare, si lacessantur, quin armis contendant, quod Germanorum consuetudo [haec] sit a maioribus tradita, Quicumque bellum inferant, resistere neque deprecari. Haec tamen dicere venisse invitos, eiectos domo; si suam gratiam Romani velint, posse iis utiles esse amicos; vel sibi agros attribuant vel patiantur eos tenere quos armis possederint: sese unis Suebis concedere, quibus ne di quidem immortales pares esse possint; reliquum quidem in terris esse neminem quem non superare possint.
Ad haec Caesar quae visum est respondit; sed exitus fuit orationis:

sibi nullam cum iis amicitiam esse posse, si in Gallia remanerent; neque verum esse, qui suos fines tueri non potuerint alienos occupare; neque ullos in Gallia vacare agros qui dari tantae praesertim multitudini sine iniuria possint; sed licere, si velint, in Ubiorum finibus considere, quorum sint legati apud se et de Sueborum iniuriis querantur et a se auxilium petant: hoc se Ubiis imperaturus.

Legati haec se ad suos relaturos dixerunt et re deliberata post diem tertium ad Caesarem reversuros: interea ne propius se castra moveret petierunt. Ne id quidem Caesar ab se impetrari posse dixit.

Cognoverat enim magnam partem equitatus ab iis aliquot diebus ante praedandi frumentandi causa ad Ambivaritos trans Mosam missam: hos expectari equites atque eius rei causa moram interponi arbitrabatur.

[Mosa profluit ex monte Vosego, qui est in finibus Lingonum, et parte quadam ex Rheno recepta, quae appellatur Vacalus insulam efficit Batavorum, in Oceanum influit neque longius ab Oceano milibus passuum LXXX in Rhenum influit. Rhenus autem oritur ex Lepontiis, qui Alpes incolunt, et longo spatio per fines Nantuatium, Helvetiorum, Sequanorum, Mediomatricorum, Tribocorum, Treverorum citatus fertur et, ubi Oceano adpropinquavit, in plures diffluit partes multis ingentibus insulis effectis, quarum pars magna a feris barbaris nationibus incolitur, ex quibus sunt qui piscibus atque ovis avium vivere existimantur, multis capitibus in Oceanum influit.]

Caesar cum ab hoste non amplius passuum XII: milibus abesset, ut erat constitutum, ad eum legati revertuntur; qui in itinere congressi magnopere ne longius progrederetur orabant. Cum id non impetras-

sent, petebant uti ad eos [equites] qui agmen antecessissent praemitteret eos pugna prohiberet, sibique ut potestatem faceret in Ubios legatos mittendi; quorum si principes ac senatus sibi iure iurando fidem fecisset, ea condicione quae a Caesare ferretur se usuros ostendebant: ad has res conficiendas sibi tridui spatium daret. Haec omnia Caesar eodem illo pertinere arbitrabatur ut tridui mora interposita equites eorum qui abessent reverterentur; tamen sese non longius milibus passuum IIII aquationis causa processurum eo die dixit: huc postero die quam frequentissimi convenirent, ut de eorum postulatis cognosceret. Interim ad praefectos, qui cum omni equitatu antecesserant, mittit qui nuntiarent ne hostes proelio lacesserent, et si ipsi lacesserentur, sustinerent quoad ipse cum exercitu propius accessisset.
At hostes, ubi primum nostros equites conspexerunt, quorum erat V milium numerus, cum ipsi non amplius DCCC equites haberent, quod ii qui frumentandi causa erant trans Mosam profecti nondum redierant, nihil timentibus nostris, quod legati eorum paulo ante a Caesare discesserant atque is dies indutiis erat ab his petitus, impetu facto celeriter nostros perturbaverunt; rursus his resistentibus consuetudine sua ad pedes desiluerunt subfossis equis compluribus nostris deiectis reliquos in fugam coniecerunt atque ita perterritos egerunt ut non prius fuga desisterent quam in conspectum agminis nostri venissent. In eo proelio ex equitibus nostris interficiuntur IIII et LXX, in his vir fortissimus Piso Aquitanus, amplissimo genere natus, cuius avus in civitate sua regnum obtinuerat amicus a senatu nostro appellatus. Hic cum fratri intercluso ab hostibus auxilium ferret, illum ex periculo eripuit, ipse equo

vulnerato deiectus, quoad potuit, fortissime restitit;
cum circumventus multis vulneribus acceptis ce-
cidisset atque id frater, qui iam proelio excesserat,
procul animadvertisset, incitato equo se hostibus obtulit atque interfectus est.

Hoc facto proelio Caesar neque iam sibi legatos
audiendos neque condiciones accipiendas arbitrabatur ab iis qui per dolum atque insidias petita pace
ultro bellum intulissent; expectare vero dum hostium
copiae augerentur equitatus reverteretur summae
dementiae esse iudicabat, et cognita Gallorum infir-
mitate quantum iam apud eos hostes uno proelio
auctoritatis essent consecuti sentiebat; quibus ad
consilia capienda nihil spatii dandum existimabat.
His constitutis rebus et consilio cum legatis et
quaestore communicato, ne quem diem pugnae
praetermitteret, oportunissima res accidit, quod postridie eius diei mane eadem et perfidia et simulatione
usi Germani frequentes, omnibus principibus
maioribusque natu adhibitis, ad eum in castra venerunt, simul, ut dicebatur, sui purgandi causa, quod
contra atque esset dictum et ipsi petissent, proelium
pridie commisissent, simul ut, si quid possent, de
indutiis fallendo impetrarent. Quos sibi Caesar obla-
tos gavisus illos retineri iussit; ipse omnes copias
castris D eduxit equitatumque, quod recenti proelio
perterritum esse existimabat, agmen subsequi iussit.
Acie triplici instituta et celeriter VIII milium itinere
confecto, prius ad hostium castra pervenit quam quid
ageretur Germani sentire possent. Qui omnibus rebus
subito perterriti et celeritate adventus nostri et
discessu suorum, neque consilii habendi neque arma
capiendi spatio dato perturbantur, copiasne adversus
hostem ducere an castra defendere an fuga salutem

petere praestaret. Quorum timor cum fremitu et concursu significaretur, milites nostri pristini diei perfidia incitati in castra inruperunt. Quo loco qui celeriter arma capere potuerunt paulisper nostris restiterunt atque inter carros impedimenta proelium commiserunt; at reliqua multitudo puerorum mulierum (nam eum omnibus suis domo excesserant Rhenum transierant) passim fugere coepit, ad quos consectandos Caesar equitatum misit.

Germani post tergum clamore audito, eum suos interfiei viderent, armis abiectis signis militaribus relictis se ex castris eiecerunt, et eum ad confluentem Mosae et Rheni pervenissent, reliqua fuga desperata, magno numero interfecto, reliqui se in flumen praecipitaverunt atque ibi timore, lassitudine, vi fluminis oppressi perierunt. Nostri ad unum omnes incolumes, perpaucis vulneratis, ex tanti belli timore, cum hostium numerus capitum CCCCXXX milium fuisset, se in castra receperunt. Caesar iis quos in castris retinuerat discedendi potestatem fecit. Illi supplicia cruciatusque Gallorum veriti, quorum agros vexaverant, remanere se apud eum velle dixerunt. His Caesar libertatem concessit.

Germanico bello confecto multis de causis Caesar statuit sibi Rhenum esse transeundum; quarum illa fuit iustissima quod, cum videret Germanos tam facile impelli ut in Galliam venirent, suis quoque rebus eos timere voluit, cum intellegerent et posse et audere populi Romani exercitum Rhenum transire. Accessit etiam quod illa pars equitatus Usipetum et Tencterorum, quam supra commemoravi praedandi frumentandi causa Mosam transisse neque proelio interfuisse, post fugam suorum se trans Rhenum in fines Sugambrorum receperat seque cum his coniunxerat. Ad quos cum Caesar nuntios misisset, qui postularent eos qui sibi Galliae bellum intulissent sibi dederent, responderunt: populi Romani imperium Rhenum finire; si se invito Germanos in Galliam transire non aequum existimaret, cur sui quicquam esse imperii aut potestatis trans Rhenum postularet? Ubii autem, qui uni ex Transrhenanis ad Caesarem legatos miserant, amicitiam fecerant, obsides dederant, magnopere orabant ut sibi auxilium ferret, quod graviter ab Suebis premerentur; vel, si id facere occupationibus rei publicae prohiberetur, exercitum modo Rhenum transportaret: id sibi [ad] auxilium spemque reliqui temporis satis futurum. Tantum esse nomen atque opinionem eius exercitus Ariovisto pulso et hoc novissimo proelio facto etiam ad ultimas Germanorum nationes, uti opinione et amicitia populi Romani tuti esse possint. Navium magnam copiam ad transportandum exercitum pollicebantur.

Caesar his de causis quas commemoravi Rhenum transire decrevat; sed navibus transire neque satis tutum esse arbitrabatur neque suae neque populi Romani dignitatis esse statuebat. Itaque, etsi summa difficultas faciendi pontis proponebatur propter latitudinem, rapiditatem altitudinemque fluminis, tamen id sibi contendendum aut aliter non traducendum exercitum existimabat. Rationem pontis hanc instituit. Tigna bina sesquipedalia. paulum ab imo praeacuta dimensa ad altitudinem fluminis intervallo pedum duorum inter se iungebat. Haec cum machinationibus immissa in flumen defixerat fistucisque adegerat, non sublicae modo derecte ad perpendiculum, sed prone ac fastigate, ut secundum naturam fluminis procumberent, iis item contraria duo ad eundem modum iuncta intervallo pedum quadragenum ab inferiore parte contra vim atque impetu fluminis conversa statuebat. Haec utraque insuper bipedalibus trabibus immissis, quantum eorum tignorum iunctura distabat, binis utrimque fibulis ab extrema parte distinebantur; quibus disclusis atque in contrariam partem revinctis, tanta erat operis firmitudo atque ea rerum natura ut, quo maior vis aquae se incitavisset, hoc artius inligata tenerentur. Haec derecta materia iniecta contexebantur ac longuriis cratibusque consternebantur; ac nihilo setius sublicae et ad inferiorem partem fluminis oblique agebantur, quae pro ariete subiectae et cum omni opere coniunctae vim fluminis exciperent, et aliae item supra pontem mediocri spatio, ut, si arborum trunci sive naves deiciendi operis causa essent a barbaris missae, his defensoribus earum rerum vis minueretur neu ponti nocerent.

Diebus X, quibus materia coepta erat comportari, omni opere effecto exercitus traducitur. Caesar ad utramque partem pontis firmo praesidio relicto in fines Sugambrorum contendit. Interim a compluribus civitatibus ad eum legati veniunt; quibus pacem atque amicitiam petentibus liberaliter respondet obsidesque ad se adduci iubet. At Sugambri, ex eo tempore quo pons institui coeptus est fuga comparata, hortantibus iis quos ex Tencteris atque Usipetibus apud se habebant, finibus suis excesserant suaque omnia exportaverant seque in solitudinem ac silvas abdiderant.

Caesar paucos dies in eorum finibus moratus, omnibus vicis aedificiisque incensis frumentisque succisis, se in fines Ubiorum recepit atque his auxilium suum pollicitus, si a Suebis premerentur, haec ab iis cognovit: Suebos, postea quam per exploratores pontem fieri comperissent, more suo concilio habito nuntios in omnes partes dimisisse, uti de oppidis demigrarent, liberos, uxores suaque omnia in silvis deponerent atque omnes qui arma ferre possent unum in locum convenirent. Hunc esse delectum medium fere regionum earum quas Suebi obtinerent; hic Romanorum adventum expectare atque ibi decertare constituisse. Quod ubi Caesar comperit, omnibus iis rebus confectis, quarum rerum causa exercitum traducere constituerat, ut Germanis metum iniceret, ut Sugambros ulcisceretur, ut Ubios obsidione liberaret, diebus omnino XVIII trans Rhenum consumptis, satis et ad laudem et ad utilitatem profectum arbitratus se in Galliam recepit pontemque rescidit.

Exigua parte aestatis reliqua Caesar, etsi in his locis, quod omnis Gallia ad septentriones vergit, maturae sunt hiemes, tamen in Britanniam proficisci contendit, quod omnibus fere Gallicis bellis hostibus nostris inde subministrata auxilia intellegebat, et si tempus anni ad bellum gerendum deficeret, tamen magno sibi usui fore arbitrabatur, si modo insulam adiisset, genus hominum perspexisset, loca, portus, aditus cognovisset; quae omnia fere Gallis erant incognita. Neque enim temere praeter mercatores illo adit quisquam, neque his ipsis quicquam praeter oram maritimam atque eas regiones quae sunt contra Galliam notum est.

Itaque vocatis ad se undique mercatoribus, neque quanta esset insulae magnitudo neque quae aut quantae nationes incolerent, neque quem usum belli haberent aut quibus institutis uterentur, neque qui essent ad maiorem navium multitudinem idonei portus reperire poterat.

Ad haec cognoscenda, prius quam periculum faceret, idoneum esse arbitratus C. Volusenum cum navi longa praemittit. Huic mandat ut exploratis omnibus rebus ad se quam primum revertatur. Ipse cum omnibus copiis in Morinos proficiscitur, quod inde erat brevissimus in Britanniam traiectus. Huc naves undique ex finitimis regionibus et quam superiore aestate ad Veneticum bellum fecerat classem iubet convenire.

Interim, consilio eius cognito et per mercatores perlato ad Britannos, a compluribus insulae civitatibus ad eum legati veniunt, qui polliceantur obsides dare atque imperio populi Romani obtemperare. Quibus auditis, liberaliter pollicitus hortatusque ut in ea sententia permanerent, eos domum remittit et cum iis una Commium, quem ipse Atrebatibus superatis regem ibi constituerat, cuius et virtutem et consilium probabat et quem sibi fidelem esse arbitrabatur cuiusque auctoritas in his regionibus magni habebatur, mittit. Huic imperat quas possit adeat civitates horteturque ut populi Romani fidem sequantur seque celeriter eo venturum nuntiet.

Volusenus perspectis regionibus omnibus quantum ei facultatis dari potuit, qui navi egredi ac se barbaris committere non auderet, V. die ad Caesarem revertitur quaeque ibi perspexisset renuntiat.

Dum in his locis Caesar navium parandarum causa moratur, ex magna parte Morinorum ad eum legati venerunt, qui se de superioris temporis consilio excusarent, quod homines barbari et nostrae consuetudinis imperiti bellum populo Romano fecissent, seque ea quae imperasset facturos pollicerentur.

Hoc sibi Caesar satis oportune accidisse arbitratus, quod neque post tergum hostem relinquere volebat neque belli gerendi propter anni tempus facultatem habebat neque has tantularum rerum occupationes Britanniae anteponendas iudicabat, magnum iis numerum obsidum imperat.

Quibus adductis eos in fidem recipit. Navibus circiter LXXX onerariis coactis contractisque, quot satis esse ad duas transportandas legiones existimabat, quod praeterea navium longarum habebat quaestori, legatis praefectisque distribuit. Huc accedebant XVIII onerariae naves, quae ex eo loco a milibus passuum VIII vento tenebantur quo minus in eundem portum venire possent: has equitibus tribuit. Reliquum exercitum Q. Titurio Sabino et L. Aurunculeio Cottae legatis in Menapios atque in eos pagos Morinorum a quibus ad eum legati non venerant ducendum dedit.

P. Sulpicium Rufum legatum cum eo praesidio quod satis esse arbitrabatur portum tenere iussit.

His constitutis rebus, nactus idoneam ad navigandum tempestatem III.

fere vigilia solvit equitesque in ulteriorem portum progredi et naves conscendere et se sequi iussit. A quibus cum paulo tardius esset administratum, ipse hora diei circiter IIII. cum primis navibus Britanniam attigit atque ibi in omnibus collibus expositas hostium copias armatas conspexit. Cuius loci haec erat natura atque ita montibus angustis mare continebatur, uti ex locis superioribus in litus telum adigi posset. Hunc ad egrediendum nequaquam idoneum locum arbitratus, dum reliquae naves eo convenirent ad horam nonam in ancoris expectavit.

Interim legatis tribunisque militum convocatis et quae ex Voluseno cognovisset et quae fieri vellet ostendit monuitque, ut rei militaris ratio, maximeque ut maritimae res postularent, ut, cum celerem atque instabilem motum haberent, ad nutum et ad tempus D omnes res ab iis administrarentur. His dimissis, et VII ab eo loco progressus aperto ac plano litore naves constituit.

At barbari, consilio Romanorum cognito praemisso equitatu et essedariis, quo plerumque genere in proeliis uti consuerunt, reliquis copiis subsecuti nostros navibus egredi prohibebant. Erat ob has causas summa difficultas, quod naves propter magnitudinem nisi in alto constitui non poterant, militibus autem, ignotis locis, impeditis manibus, magno et gravi onere armorum oppressis simul et de navibus desiliendum et in auctibus consistendum et cum hostibus erat pugnandum, cum illi aut ex arido aut paulum in aquam progressi omnibus membris expeditis, notissimis locis, audacter tela coicerent et equos insuefactos incitarent. Quibus rebus nostri perterriti atque huius omnino generis pugnae imperiti, non eadem alacritate ac studio quo in pedestribus uti proeliis consuerant utebantur.

Quod ubi Caesar animadvertit, naves longas, quarum et species erat barbaris inusitatior et motus ad usum expeditior, paulum removeri ab onerariis navibus et remis incitari et ad latus apertum hostium constitui atque inde fundis, sagittis, tormentis hostes propelli ac submoveri iussit; quae res magno usui nostris fuit. Nam et navium figura et remorum motu et inusitato genere tormentorum permoti barbari constiterunt ac paulum modo pedem rettulerunt. Atque nostris militibus cunctantibus, maxime propter altitudinem

maris, qui X legionis aquilam gerebat, obtestatus
deos, ut ea res legioni feliciter eveniret, ' desilite',
inquit, ' milites, nisi vultis aquilam hostibus prodere;
ego certe meum rei publicae atque imperatori officium praestitero.' Hoc cum voce magna dixisset, se
ex navi proiecit atque in hostes aquilam ferre coepit.
Tum nostri cohortati inter se, ne tantum dedecus ad-
mitteretur, universi ex navi desiluerunt. Hos item ex
proximis primi navibus cum conspexissent, subsecuti
hostibus adpropinquaverunt.

Pugnatum est ab utrisque acriter. Nostri tamen, quod
neque ordines servare neque firmiter insistere neque
signa subsequi poterant atque alius alia ex navi
quibuscumque signis occurrerat se adgregabat, magnopere perturbabantur; hostes vero, notis omnibus
vadii, ubi ex litore aliquos singulares ex navi egredi-
entes conspexerant, incitatis equis impeditos
adoriebantur, plures paucos circumsistebant, alii ab
latere aperto in universos tela coiciebant. Quod cum
animadvertisset Caesar, scaphas longarum navium,
item speculatoria navigia militibus compleri iussit, et
quos laborantes conspexerat, his subsidia submitte-
bat. Nostri, simul in arido constiterunt, suis omnibus
consecutis, in hostes impetum fecerunt atque eos in
fugam dederunt; neque longius prosequi potuerunt,
quod equites cursum tenere atque insulam capere
non potuerant. Hoc unum ad pristinam fortunam
Caesari defuit.

Hostes proelio superati, simul atque se ex fuga: receperunt, statim ad Caesarem legatos de pace miserunt;
obsides sese daturos quaeque imperasset facturos
polliciti sunt. Una cum his legatis Commius Atrebas
venit, quem supra demonstraveram a Caesare in Britanniam praemissum. Hunc illi e navi egressum, cum

ad eos oratoris modo Caesaris mandata deferret, comprehenderant atque in vincula coniecerant; tum proelio facto remiserunt et in petenda pace eius rei culpam in multitudinem contulerunt et propter imprudentiam ut ignosceretur petiverunt. Caesar questus quod, cum ultro in continentem legatis missis pacem ab se petissent, bellum sine causa intulissent, ignoscere [se] imprudentiae dixit obsidesque imperavit; quorum illi partem statim dederunt, partem ex longinquioribus locis arcessitam paucis diebus sese daturos dixerunt. Interea suos in agros remigrare iusserunt, principesque undique convenire et se civitatesque suas Caesari commendare coeperunt.

His rebus pace confirmata, post diem quartum quam est in Britanniam ventum naves XVIII, de quibus supra demonstratum est, quae equites sustulerant, ex superiore portu leni vento solverunt. Quae cum adpropinquarent Britanniae et ex castris viderentur, tanta tempestas subito coorta est ut nulla earum cursum tenere posset, sed aliae eodem unde erant profectae referrentur, aliae ad inferiorem partem insulae, quae est propius solis occasum, magno suo cum periculo deicerentur; quae tamen ancoris iactis cum fluctibus complerentur, necessario adversa nocte in altum provectae continentem petierunt. Eadem nocte accidit ut esset luna plena, qui dies a maritimos aestus maximos in Oceano efficere consuevit, nostrisque id erat incognitum. Ita uno tempore et longas naves, [quibus Caesar exercitum transportandum curaverat,] quas Caesar in aridum subduxerat, aestus complebat, et onerarias, quae ad ancoras erant deligatae, tempestas adflictabat, neque ulla nostris facultas aut administrandi ' aut auxiliandi dabatur.

Compluribus navibus fractis, reliquae cum essent funibus, ancoris reliquisque armamentis amissis ad navigandum inutiles, magna, id quod necesse erat accidere, totius exercitus perturbatio facta est. Neque enim naves erant aliae quibus reportari possent, et omnia deerant quae ad reficiendas naves erant usui, et, quod omnibus constabat hiemari in Gallia oportere, frumentum in his locis in hiemem provisum non erat. Quibus rebus cognitis, principes Britanniae, qui post proelium ad Caesarem convenerant, inter se conlocuti, cum et equites et naves et frumentum Romanis deesse intellegerent et paucitatem militum ex castrorum exiguitate cognoscerent, quae hoc erant etiam angustior quod sine impedimentis Caesar legiones transportaverat, optimum factu esse duxerunt rebellione facta frumento commeatuque nostros prohibere et rem in hiemem producere, quod his superatis aut reditu interclusis neminem postea belli inferendi causa in Britanniam transiturum confidebant. Itaque rursus coniuratione facta paulatim ex castris discedere et suos clam ex agris deducere coeperunt.

At Caesar, etsi nondum eorum consilia cognoverat, tamen et ex eventu navium suarum et ex eo quod obsides dare intermiserant fore id quod accidit suspicabatur. Itaque ad omnes casus subsidia comparabat. Nam et frumentum ex agris cotidie in castra conferebat et, quae gravissime adflictae erant naves, earum materia atque aere ad reliquas reficiendas utebatur et quae ad eas res erant usui ex continenti comportari iubebat.

Itaque, cum summo studio a militibus administraretur, XII navibus amissis, reliquis ut navigari [satis] commode posset effecit.

Dum ea geruntur, legione ex consuetudine una frumentatum missa, quae appellabatur VII., neque ulla ad id tempus belli suspicione interposita, cum pars hominum in agris remaneret, pars etiam in castra ventitaret, ii qui pro portis castrorum in statione erant Caesari nuntiaverunt pulverem maiorem quam consuetudo ferret in ea parte videri quam in partem legio iter fecisset. Caesar—id quod erat—suspicatus aliquid novi a barbaris initum consilii, cohortes quae in statione erant secum in eam partem proficisci, ex reliquis duas in stationem succedere, reliquas armari et confestim sese subsequi iussit. Cum paulo longius a castris processisset, suos ab hostibus premi atque aegre sustinere et conferta legione ex omnibus partibus tela coici animadvertit. Nam quod omni ex reliquis partibus demesso frumento pars una erat reliqua, suspicati hostes huc nostros esse venturos noctu in silvis delituerant; tum dispersos depositis armis in metendo occupatos Subito adorti paucis interfectis reliquos incertis ordinibus perturbaverant, simul equitatu atque essedis circumdederant.

Genus hoc est ex essedis pugnae. Primo per omnes partes perequitant et tela coiciunt atque ipso terrore equorum et strepitu rotarum ordines plerumque perturbant, et cum se inter equitum turmas insinuaverunt, ex essedis desiliunt et pedibus proeliantur. Aurigae interim paulatim ex proelio excedunt atque ita currus conlocant ut, si illi a multitudine hostium premantur, expeditum ad quos receptum habeant. Ita mobilitatem equitum, stabilitatem peditum in proeliis praestant, ac tantum usu cotidiano et exer-

citatione efficiunt uti in declivi ac praecipiti loco incitatos equos sustinere et brevi moderari ac flectere et per temonem percurrere et in iugo insistere et se inde in currus citissime recipere consuerint.
Quibus rebus perturbatis nostris [novitate pugnae] tempore oportunissimo Caesar auxilium tulit: namque eius adventu hostes constiterunt, nostri se ex timore receperunt. Quo facto, ad lacessendum hostem et committendum proelium alienum esse tempus arbitratus suo se loco continuit et brevi tempore intermisso in castra legiones reduxit. Dum haec geruntur, nostris omnibus occupatis qui erant in agris reliqui discesserunt. Secutae sunt continuos complures dies tempeststes, quae et nostros in castris continerent et hostem a pugna prohiberent. Interim barbari nuntios in omnes partes dimiserunt paucitatemque nostrorum militum suis praedicaverunt et quanta praedae faciendae atque in perpetuum sui liberandi facultas daretur, si Romanos castris expulissent, demonstra; verunt. His rebus celeriter magna multitudine peditatus equitatusque coacta ad castra venerunt.
Caesar, etsi idem quod superioribus diebus acciderat fore videbat, ut, si essent hostes pulsi, celeritate periculum effugerent, tamen nactus equites circiter XXX, quos Commius Atrebas, de quo ante dictum est, secum transportaverat, legiones in acie pro castris constituit. Commisso proelio diutius nostrorum militum impetum hostes ferre non potuerunt ac terga verterunt. Quos tanto spatio secuti quantum cursu et viribus efficere potuerunt, complures ex iis occiderunt, deinde omnibus longe lateque aedificiis incensis se in castra receperunt.

Eodem die legati ab hostibus missi ad Caesarem de pace venerunt. His Caesar numerum obsidum quem ante imperaverat duplicavit eosque in continentem adduci iussit, quod propinqua die aequinoctii infirmis navibus hiemi navigationem subiciendam non existimabat. Ipse idoneam tempestatem nactus paulo post mediam noctem naves solvit, quae omnes incolumes ad continentem pervenerunt; sed ex iis onerariae duae eosdem portus quos reliquae capere non potuerunt et paulo infra delatae sunt.

Quibus ex navibus cum essent expositi milites circiter CCC atque in castra contenderent, Morini, quos Caesar in Britanniam proficiscens pacatos reliquerat, spe praedae adducti primo non ita magno suorum numero circumsteterunt ac, si sese interfici nollent, arma ponere iusserunt. Cum illi orbe facto sese defenderent, celeriter ad clamorem hominum circiter milia VI convenerunt; Qua re nuntiata, Caesar omnem ex castris equitatum suis auxilio misit. Interim nostri milites impetum hostium sustinuerunt atque amplius horis IIII fortissime pugnaverunt et paucis vulneribus acceptis complures ex iis occiderunt. Postea vero quam equitatus noster in conspectum venit, hostes abiectis armis terga verterunt magnusque eorum numerus est occisus.

Caesar postero die T. Labienum legatum cum iis legionibus quas ex Britannia reduxerat in Morinos qui rebellionem fecerant misit. Qui cum propter siccitates paludum quo se reciperent non haberent, quo perfugio superiore anno erant usi, omnes fere in potestatem Labieni venerunt. At Q. Titurius et L. Cotta legati, qui in Menapiorum fines legiones duxerant, omnibus eorum agris vastatis, frumentis succisis, aedificiis incensis, quod Menapii se omnes in densissimas silvas abdiderant, se ad Caesarem receperunt. Caesar in Belgis omnium legionum hiberna constituit. Eo duae omnino civitates ex Britannia obsides miserunt, reliquae neglexerunt. His rebus gestis ex litteris Caesaris dierum XX supplicatio a senatu decreta est.

Made in United States
Orlando, FL
27 May 2023

33549304R00057